Por fin me comprendo

Conocerse bien para vivir mejor

ALFREDO SANFELIZ

Categoría: Crecimiento personal
Colección: Autoayuda, coaching, mindfulness y psicología

Título original: *Por fin me comprendo. Conocerse bien para vivir mejor*

Primera edición: Mayo 2020
© 2020 Editorial Kolima, Madrid
www.editorialkolima.com

Autor: Alfredo Sanfeliz
Dirección editorial: Marta Prieto Asirón
Diseño de portada y mapa del conflicto: Daniel Cruz
Maquetación de cubierta: Sergio Santos Palmero
Maquetación: Carolina Hernández Alarcón y Lucía Alfonsín Otero

ISBN: 978-84-18263-25-5
Depósito legal: M-14120-2020

*Tu visión devendrá más clara solamente
cuando mires dentro de tu corazón.
Aquel que mira afuera, sueña.
Quien mira en su interior, despierta.*

Carl Gustav Jung

ÍNDICE

PRÓLOGO

No siempre he aprobado los exámenes. Unas veces las preguntas más sencillas las fallé, a otras complejas no les dediqué el tiempo que merecían y algunas otras preguntas no las vi nunca claras... En fin, hubo de todo. Pero hay una pregunta del examen de Psicología de la Personalidad que aún me da vueltas en la cabeza. En ella se planteaba si los individuos muestran su verdadera personalidad con más facilidad en la vida cotidiana o en situaciones de emergencia y excepcionales. Sinceramente no recuerdo lo que contesté ni lo que se consideraba correcto en aquel momento, pues los conocimientos en el ámbito científico van evolucionando. Lo que sí sé es que eso me ha hecho reflexionar a lo largo de los años, y todavía hoy no tengo una respuesta definitiva.

Quizá en situaciones sin presión de ningún tipo todos nos comportamos de un modo relativamente acorde con las normas sociales; tratamos de cumplir con las reglas establecidas en nuestro entorno, propias de nuestra cultura. Muchas normas encajan (o las hacemos encajar) con nuestros valores. Y así, generalmente nos sentimos cómodos.

Sin embargo, cuando aparece el peligro o hay situaciones que ponen en riesgo nuestra supervivencia, cambia el panorama. Quizá en situaciones excepcionales no somos capaces de «tapar» nuestros miedos, impulsos, necesidades... y estos guían nuestra conducta, mostrando nuestra verdadera cara. ¿O será que son varias las verdaderas caras que tenemos y enfadados o con miedo mostramos una cara que generalmente ocultamos adaptándonos a lo establecido en las normas sociales? ¿Es posible en esas circunstancias controlar nuestra espontaneidad para mostrar una cara socialmente aceptable? Quizá retorcemos la realidad para que no exista una discrepancia muy marcada entre quienes solemos ser y quienes tenemos que ser ante una situación o un riesgo...

En una situación como la creada por el Covid-19, tan presente al escribir este prólogo, ¿qué es lo que estamos mostrando? ¿Y qué hacemos para disimular esa «nueva» personalidad y motivaciones desconocidas por muchos? ¿Estarán muchos disfrutando de vivir sin las caretas sociales y libres de las presiones y los condicionamientos que la sociedad nos impone para nuestra supervivencia o relevancia social?

Pero incluso en situaciones de normalidad, ¿en qué medida, en nuestro día a día, son realmente nuestras emociones y sentimientos los que guían nuestra conducta como en las situaciones de tensión o peligro? ¿somos conscientes de ello? ¿cuántas veces en la vida cotidiana esos miedos, amenazas o incertidumbres nos afectan por debajo del nivel de la conciencia? En situaciones de conflicto en familia, con amigos, con compañeros de trabajo, jefes y subordinados... ¿hasta qué punto nuestras decisiones y comportamientos están guiados por esas emociones que ignoramos?

Afortunadamente no nos veremos con mucha frecuencia en situaciones de alto riesgo. Pero en la sociedad (como en la naturaleza) la vida cotidiana es, en sentido amplio, una lucha por nuestra supervivencia. De forma irrenunciable es una "lucha" o camino de supervivencia inspirado siempre por un instinto de supervivencia que nos ordena «seguir viviendo» y del que nacen múltiples estrategias emocionales, sentimentales y racionales que este libro describe de forma sencilla y didáctica a pesar de su enorme complejidad. Las emociones, cuando se descontrolan dejan de resultarnos beneficiosas y protectoras. Pero una vida sin emociones guiada por una estricta racionalidad carecerá de humanidad y de sentido y nos hará casi robots solo capaces de procesar decisiones.

Este libro es una llamada a la importancia del autoconocimiento. Para gestionarse bien hay que conocerse bien, nos dice su autor llamándonos a tomar conciencia de nuestras emociones y de cómo nos afectan sin negarlas. Llamémoslas por su nombre, mirémoslas a sus ojos y enfrentémonos a ellas, controlando su impacto sobre nuestro comportamiento, siempre más profundo de lo que pensamos. Y, tras ello, encajémoslas sabiamente en nuestro procesos y decisiones más conscientes y racionales alcanzando la paz y la plenitud que nos procuran una vida con sentido y en consonancia con nuestras verdaderas preferencias y valores.

Sobre todo, aquí encontrará el lector profundas reflexiones. Existe en Alfredo un hondo conocimiento sobre el funcionamiento del cerebro, los procesos cognitivos y las emociones. Es fruto de su inquietud por comprender al ser humano y de la lectura reposada y reflexiva, tan poco frecuente en la sociedad en la que vivimos. Lean aquí con detenimiento. Descubrirán cosas que, tal y como ocurre con algunas emociones, solo emergen a la conciencia en determinadas situaciones: las de la lectura pausada.

Que lo disfruten.

MARCOS RÍOS LAGO

Profesor de la UNED de Psicología Básica y Neuro-psicología
Coordinador de la Unidad de Daño Cerebral
del Hospital Beata María Ana

HISTORIA Y SENTIDO DE ESTE LIBRO

Algo hay en mí que me hace sentir la necesidad de escribir cuando tengo tiempo para mí sin obligaciones. El tiempo libre me lleva a preguntarme cosas y las preguntas me llevan a plasmar mis respuestas en la escritura. Y este libro ha nacido de una de esas múltiples preguntas a mí mismo: ¿qué es el ser humano y cómo funciona? La respuesta en momentos de contemplación se produce en mi mente como un flash de lucidez que me aclara nuestra esencia y la relación de fuerzas e interacciones internas y con el mundo que explican lo que somos y nuestro funcionamiento. Pero, cuando trato de resumir ese flash me doy cuenta de la complejidad de la tarea para hacer un todo fácilmente comprensible y que no resulte desleal a la realidad científica consolidada. Me considero un estudioso de mí mismo, a menudo buscando explicaciones de las cosas que me pasan, de lo que siento, de mis amores y temores ocultos o manifiestos. Siempre he pensado que conocerse a uno mismo es la mejor vía para conocer al ser humano en general. Ello, unido a mi empeño en estructurar, ordenar y compartir ese contenido abstracto que observo en mis visiones internas, es lo que me ha llevado a escribir este libro y lo que en sí mismo constituye su contenido.

La lectura de libros sobre algunas de las cuestiones que trato en este libro, y especialmente las relativas a lo que es la razón y su relación con la emoción y los sentimientos en nuestras relaciones sociales, me parece compleja y difícil de entender. Por eso, en mi afán de buscar la comprensión de las cosas de forma sencilla y limpia, ha nacido dentro de mí la fuerza y el tesón necesarios para escribir esta pequeña obra que busca hacer comprensible para cualquiera lo que es un ser humano y cuáles son los pilares de su funcionamiento. Es decir, qué es lo que persigue el hombre y cómo lo persigue. No voy a «inventar la pólvora», ni lo pretendo, pero sí es mi pretensión explicar a mi manera lo que es la «pólvora» para que cualquiera pueda comprenderlo.

Cuando escribo un libro me siento como un pintor representando a su modo la realidad, con su estilo, formas y colores. Si este libro fuera un cuadro, sería una pintura que representaría la vida humana y su funcionamiento tal y como lo observa y siente su autor con sus dosis de realismo entremezclado con un cierto toque naif y con recursos coloristas para hacer más fácil y amable su comprensión. De alguna forma tendría mucho de autorretrato, como representación de lo que, «en trazo gordo», podría también ser el retrato de cualquier ser humano, salvando las infinitas peculiaridades que nos hacen distintos y especiales a cada uno de nosotros.

Me ha costado superar la barrera que suponía para mí tratar cuestiones muy complejas sin tener un conocimiento científico verdaderamente profundo de algunos de los temas tratados. Pero lo he superado porque el valor que pretende aportar este libro es conseguir explicar de forma sencilla, (o todo lo sencilla que he conseguido), y desde mi posición de observador, cuestiones del ser humano que son muy complejas. La forma de explicarlas y la interrelación de unas y otras ideas permitirá al lector alcanzar una mejor comprensión de lo que él mismo es y cómo funciona. Es casi un «manual de funcionamiento del ser humano» con algunas claves para hacerlo funcionar bien.

No creo que este libro pueda ser encuadrable dentro de los típicos denominados de «auto-ayuda». Pero en gran medida sí siento que puede ser una importante ayuda para quien quiera realmente saber algo más del funcionamiento de los seres humanos, comenzando por uno mismo. Y pocas cosas hay como enriquecer nuestro auto-conocimiento para mejorar nuestra propia gestión, comprender aquellas áreas grises o miedos que nos gustaría superar y caminar hacia la sabiduría. Este libro no ofrece fórmulas mágicas para ser felices, pero sí ofrece ideas y perspectivas acerca de nuestra forma de ser y funcionar que sin duda pueden resultar de interés para crecer en nuestra auto-comprensión, la comprensión de los demás y finalmente el entendimiento del mundo. Pues sin duda el mundo, en lo que se refiere a sus dinámicas sociales, solo puede explicarse desde el entendimiento del comportamiento tipo de los seres humanos que lo poblamos. Y desde esa comprensión podremos mejorar también nuestro propio auto gobierno.

El libro está escrito desde mi más profunda reflexión como observador de la vida y desde la «experiencia sentida» de mi propia vida como muestra de lo que es la existencia de un ser humano. Es la perspectiva de un sujeto que encarna una de esas vidas. Enmarco el libro por ello en ese género que ya he bautizado como «*feelthinking*» por reunir, de forma fusionada, tanto reflexiones racionales que proceden de mis procesos conscientes, como conclusiones, visiones, sentimientos o creencias que más que ser pensadas son «sentidas» por mí y que se originan en el corazón o en las entrañas. Y unos y otros, pensamientos y sentimientos, interrelacionados entre sí, por ser esa interrelación ineludible en nuestro funcionamiento mental y cerebral.

Reconozco lo difícil que es explicar bien lo que quiere decir «ser sentidas» por mí, pues solo quien es sujeto de experiencias y sentimientos puede saber lo que ello significa. Pero cualquier explicación se sitúa en ese universo interno de las representaciones mentales, las vivencias, la intuición, y en general de los procesos inconscientes de nuestro cuerpo, nuestro cerebro y nuestra mente. Ninguna expresión del ser humano es completa si no se efectúa desde un plano que integre tanto el ámbito más intelectual, racional y consciente como el ámbito inconsciente de la intuición, las impresiones, las emociones, los sentimientos... La ciencia ya se pronuncia de manera creciente sobre ello afirmando las distorsiones que se producen en el funcionamiento de nuestro cerebro racional, muy vinculado con la llamada corteza prefrontal, cuando no está debidamente conectado o interrelacionado con el sistema emocional. Así se deduce, de forma contundente, de la lectura del magnífico libro de Antonio Damasio *El error de Descartes*. Esa conectividad es fundamental para un buen funcionamiento integral de nuestro cerebro al servicio de nuestra vida y nuestro bienestar.

Por tanto, a mi necesidad de escribir para dar respuesta a mis preguntas se une en este caso mi inquietud por compartir con el mundo lo que entiendo yo que es el ser humano, lo que verdaderamente le mueve y cuáles son los mecanismos y herramientas de los que gozamos para cumplir nuestro propio propósito o mandato natural de supervivencia. Aunque soy creyente me centraré en contemplar principalmente lo que entiendo que son aspectos de nuestra maquinaria en lo que se refiere a nuestra condición de animales racionales, si bien inevitablemente haré en algún momento referencias a nuestro ámbito trascendente y espiritual, pues este es en mi opinión el ámbito que representa el último estadio de nuestra evolución como seres superiores de la naturaleza (en la Tierra al menos).

Cualquier análisis que uno pretenda hacer para posicionarse en lo que es bueno, justo o apropiado para el ser humano exige hacerlo con la enorme humildad de saber que ignoramos mucho más de lo que sabemos. La definición o precisión de esos conceptos se encuentra en ese enorme territorio de «lo relativo» y de nuestra ignorancia, que yo llamo el «universo de misterio». Un universo del que nada sabemos, más allá de nuestras especulaciones y creencias religiosas o espirituales. La parte final del libro sobre sabiduría, crecimiento y espiritualidad abundará posteriormente en esta idea.

El libro no pretende por tanto ser un tratado técnico o científico sino una expresión vivida de lo que es el ser humano, desde las elucubraciones y la perspectiva de quien es un ejemplar de esa especie. Se trata sin duda de un conocimiento basado en la experiencia y el aprendizaje que proporcionan el transcurso de ya bastantes años por la vida, enriquecido por las múltiples lecturas que como aficionado he hecho de temas antropológicos y sociales. Es un trabajo hecho desde la consciencia de que su contenido no es más que una creación o visión personal empaquetada en forma de libro utilizando los lenguajes y ámbitos de conocimiento generalmente admitidos y compartidos por la sociedad.

Pero, aun cuando no sea la pretensión del libro la profundidad científica, sí he pretendido verificar que nada de lo que se dice pueda ser calificado como contrario a cualquier conocimiento científico arraigado en la comunidad científica. Y así puedo confirmarlo tras haber sometido todo su contenido a la revisión y el filtro validador de mi amigo Marcos Ríos-Lago, profesor de Psicología de la UNED e investigador en Neurociencia. Se trata por tanto de un libro que no tiene como misión la divulgación científica como tal, aunque sí pretende contribuir, sin herir o contrariar a la ciencia, a un mejor conocimiento y comprensión de los fenómenos que determinan el funcionamiento de los humanos, especialmente en nuestro tiempo.

Me gustaría por ello conseguir una escritura llana, de fácil comprensión y con la que los lectores puedan sentirse identificados en muchos casos con los fenómenos humanos que trataré de describir. Quizá a veces el libro pueda parecer tontorrón por decir cosas básicas y evidentes. Pero también los cuentos lo son y no por ello dejan de ser maravillosos. Aunque me gustaría también ser amable con el lector, soy consciente de que algunas afirmaciones sobre las fuerzas que nos mueven a todos nos definen como interesados y egoístas, lo que no es agradable de asumir. Sentimos que van en contra de creencias muy arraigadas que tenemos en nuestras sociedades y que son contrarias a una ética o moral auto-legitimadora de nuestra forma de ser y actuar en un marco social en el que nos sentimos orgullosos de nuestras conductas. Es un egoísmo de supervivencia que tenemos entroncado en nosotros a través de múltiples, sutiles e inconscientes manifestaciones de las que no hay que avergonzarse cuando se encauzan de forma social y equilibrada. ¡Al fin y al cabo está en nuestra genética!

Más allá de este libro, si tuviera que decir cuál es mi propósito trascendente en esta vida, sin duda en este momento lo enunciaría como el «contribuir a poner un granito de arena para despertar la curiosidad y el interés del ser humano por su propio autoconocimiento, individual y como especie, contribuyendo así a que todos nos comprendamos un poco mejor y comprendamos un poco mejor a quienes nos rodean. Y desde esa mayor comprensión llegar a entendernos y convivir todos mejor».

Me encantará por ello conseguir conectar con los lectores y que puedan pasar un buen y enriquecedor rato con su lectura, dejándoles algo de mayor consciencia sobre muchas de las fuerzas y mecanismos que verdaderamente nos mueven. Podrán con ello hacerse más dueños de ellos mismos y, desde ese mejor autoconocimiento, mejorar la autogestión al servicio de «una vida bien vivida».

El libro se divide en seis capítulos para estructurar y exponer adecuadamente los pilares básicos de lo que es el ser humano, de cómo opera en la vida y en la sociedad para su supervivencia.

El primer capítulo se refiere a lo que es la vida y el ser humano como ser en evolución en un entorno con otros seres vivos de los que se diferencia.

El segundo trata de las motivaciones últimas que marcan la dirección del actuar humano.

Tras ello el tercer capítulo hace una breve exposición de lo que son los principales mecanismos de los que dispone el hombre para cumplir su mandato de supervivencia y conservación de la especie.

La justicia, la legitimidad y nuestra inclinación o empeño en «tener razón» ocupan un cuarto capítulo para explicar la confusión que, en una sociedad tan racionalista como la occidental, existe entre dichos términos, y cómo ello puede nublar nuestro buen criterio o juicio de las cosas.

En el quinto capítulo me permitiré hacer unas reflexiones, valoraciones y sugerencias personales sobre algunos factores clave para administrar de forma adecuada (si es que existe una forma adecuada) esos mecanismos con los que todos contamos. ¿Existe una forma mejor que otra para auto-gestionarnos? ¿Cuáles son las pautas que podemos tener en consideración para administrarnos y gestionarnos bien a nosotros mismos?

Por último, el capítulo sexto se refiere al camino de crecimiento y desarrollo de la sabiduría del ser humano, exponiendo las funciones de los que denomino «cuarto y quinto cerebros», abordando la cuestión del sentido común por una parte y los aspectos relacionados con la trascendencia y la espiritualidad por otra.

Abordemos pues el reto de conocernos, comprendernos y gestionarnos para así algún día poder decir «por fin me comprendo».

CAPÍTULO 1. ¿QUÉ SOMOS?

La vida es como una leyenda:
no importa que sea larga,
sino que esté bien narrada.
SÉNECA

LA MISTERIOSA CHISPA DE LA VIDA

Como todos los seres vivos de la Tierra, somos la suma de conjuntos de partículas cohesionadas que forman unidades animadas con eso que llamamos «vida». Esas unidades menores creadas con vida propia, en su mínima dimensión se unen creando otras unidades igualmente integradas (tejidos, órganos, sistemas...) que a su vez se integran formando parte de un organismo vivo superior, llegando a dar a luz a lo que es un ser humano.

La vida, como dice su nombre, es común a todos los seres vivos, y me atrevo a definirla como aquello que da a unas determinadas partículas, en primera instancia, y a células, órganos etc., en un nivel superior de vida, la energía, la fuerza y la orientación unificadora para integrar y constituir precisamente el sujeto de esa vida, ya sea en forma animal o de planta. La vida supone sin duda una cierta programación al servicio precisamente del mantenimiento de su propia existencia encarnada o alojada en un sujeto, ya sea animal o planta. Podría decirse que esa vida es por tanto la suma de una programación, como la de los programas de ordenador, aplicada a una realidad física que son las partículas, células, órganos, tejidos y cuerpos (*hardware*) mediante el uso de una energía que produce el movimiento o actividad físico-química que es la condición esencial de la vida. Una energía que se aplica tanto «hacia dentro», para sostener su propio funcionamiento y la cohesión e integración de sus partes, como «hacia fuera», como unidad o conjunto de partes, para relacionarse con el entorno.

Pero no bastan esos elementos para definir lo que es la vida, pues de ser así podría aplicarse la condición de ser vivo a un robot adecuadamente programado. Resulta necesario sumar a esos componentes otra condición intrínseca a la vida. Me refiero al hecho de estar siempre alojada en un cuerpo físico, que es sujeto, de una u otra forma, de experiencias. Estas experiencias pueden ser auténticas y sofisticadas, como las de los humanos, o fenómenos muy simples en base a los cuales un ser vivo inferior padece o goza de condiciones favorables o desfavorables, como es el caso de las plantas o de los animales inferiores.

En definitiva, en un mundo que no hace más que hablar de la inteligencia artificial y de robots con capacidades superiores, es ese factor de la experiencia, asociado al gozo o al sufrimiento del ser vivo, lo que da carta de naturaleza a la condición del ser vivo. No cabe duda de que todos los seres vivos cuentan con mecanismos por los cuales, a través del dolor o del gozo «experimentados», rechazan y se alejan de las cosas o entornos que no les convienen para sobrevivir y aceptan o buscan aquellos que contribuyen a preservar la vida.

Ninguna máquina o robot tiene capacidad para ser sujeto de sufrimiento o de gozo, por más que pueda simularlo y adoptar mecánicamente comportamientos que nos hagan creer lo contrario.

Son cuatro por tanto los elementos que definen una vida:

- Un *software* o programación genética y en evolución, que llamamos instintos dirigidos a posponer precisamente la extinción de la vida.
- Un cuerpo, en el que se encuentra instalada esa programación.
- Una energía, que produce el movimiento integrador o cohesionador de las partículas y de los elementos físico-químicos para formar y sostener la unidad viva.
- La capacidad de sufrir y gozar, asociada precisamente a la supervivencia de ese cuerpo vivo y al mandato biológico de nuestros instintos.

La vida necesita de esa chispa que todavía la ciencia no ha sido capaz de encontrar para producirla de forma artificial sin partir de unidades inferiores de vida o reductos de ella. Es una chispa que está hoy situada en el universo del misterio, mucho más allá de los límites de la ciencia. Y, desde mi condición romántica y trascendente, debo decir que ojalá permanezca mucho tiempo más en ese territorio del misterio, para evitar así que podamos un día asimilar la vida a la mecánica.

Pero, además de todo esto, hay algo que es más una cualidad de la vida que un elemento constituyente de la misma. Me refiero a la cualidad finita de la vida. Toda vida que conocemos está sujeta a un final que extingue la misma. Solo en el ámbito espiritual o trascendente cabe hablar de la vida eterna. Tan es así que muchas veces se dice que la muerte es la que da carta de naturaleza a la vida, pues esta no deja de ser la etapa previa a la muerte como fenómeno biológico. Es la muerte la que nos lleva a dejar de existir desde una concepción humano-biológica, sin perjuicio de la posible eternidad del alma, la reencarnación o la resurrección, conforme a unas u otras creencias religiosas y espirituales.

Partiendo de esta sencilla descripción de lo que es la vida en términos generales, expondré, también de forma simple, mi entender respecto a la relación de todo ello con el funcionamiento del ser humano, centrándome especialmente en lo que se refiere a la programación (*software* o aplicaciones diversas, haciendo un símil) con la que contamos para determinar nuestras actitudes y comportamientos y dar forma y vida a nuestras experiencias. Y en ello, nuestro sufrimiento y nuestro placer o gozo (físico o psicológico) son determinantes en la aplicación y ejecución de los programas (genéticos) que soportan nuestra vida y nuestra condición humana.

¿VIVIMOS O SOBREVIVIMOS?

El ser humano es un ser vivo superior. Con los criterios y significados generalmente aceptados en nuestro lenguaje, decimos que es un ser vivo superior a todos los demás. Personalmente prefiero decir que en muchos aspectos es un ser con facultades muy superiores a las de otros seres, y reservarme el calificativo de «superior» tan indeterminado a la espera de definir los elementos que determinan la puntuación para obtener la mejor nota en ese *ranking* de superioridad. Y lo digo pues yo personalmente asocio superior a mejor o de mejor calidad y me cuesta asociar este calificativo al ser humano por encima de cualquier otro ser de la naturaleza en sentido amplio, genérico y universal. Si introducimos para la puntuación elementos más allá de las competencias técnicas o de procesamiento que hacen superior al hombre, se me hace difícil atribuir al hombre la condición general de «superior» en tono positivo y absoluto.

Quedémonos por tanto con que el ser humano es un ser con elevadas competencias y capacidades respecto al resto de seres vivos que conocemos, respetando que hay animales con capacidades muy superiores a las humanas en determinados ámbitos. Basta observar el olfato, el oído, la vista o las condiciones físicas de muchos animales para observar que, en muchos de esos aspectos, son superiores al hombre. Y difícilmente podrá el ser humano superar al perro en fidelidad, docilidad, humildad y espontaneidad para mostrar cariño a los humanos con quienes convive.

Desde un punto de vista biológico y a pesar de poder uno sentirse muy orgulloso de su superioridad en muchos ámbitos respecto del resto de las especies del mundo animal, me gustaría decir que, según mi criterio, en lo más básico, en lo que verdaderamente nos mueve, compartimos enteramente el por qué y el para qué de nuestra existencia con el resto de seres vivos. Solo consideraciones espirituales o religiosas pueden poner esta afirmación en cuestión.

En definitiva, todos los seres vivos (como regla general), irremediablemente y nos guste o no oírlo, estamos en la naturaleza con el mandato de sobrevivir y contribuir a que nuestra especie perdure. Y ningún ser vivo se puede escapar de ello, por más que nos cueste aceptarlo y por más que la gama de formas y estrategias con las que el ser humano puede canalizar ese mandato biológico instintivo pueda ser de gran variedad y sofisticación. Es tal esa variedad y sofisticación que puede parecernos que son otras las fuerzas o motivaciones que orientan y condicionan nuestros actos. Pero, dejando a salvo la fuerza de la espiritualidad que desborda cualquier regla biológica, en última instancia todo se encuentra al servicio de nuestra supervivencia y de la conservación de nuestra especie.

Volviendo a esos aspectos que nos llevan a considerarnos superiores, y a la vista de la larga lista de capacidades y competencias del hombre, me atrevo a afirmar que este es el animal con mayor capacidad de someter a gran cantidad de animales de la naturaleza incluyendo cualquier forma de vida. Pero lo digo con la boca pequeña, pues es verdad que los humanos tenemos capacidad para someter a casi todas las especies de seres vivos que están identificadas, pero es igualmente cierto que cualquier insignificante bicho microscópico, en forma de virus, bacteria, tumor o lo que sea que malignamente se nos meta en el cuerpo, puede acabar con nosotros, a pesar de todo nuestro nivel de desarrollo médico y científico. Parece, por tanto, que algunos de esos animales o «bichos» todavía son superiores a nosotros en ese aspecto, pues a menudo vencen en el pulso con nuestra vida.

Prefiero también por ello evitar el calificativo de superioridad del hombre pues tiendo a asociarle un juicio moral que me cuesta sostener. Pues, si bien es cierta la magnífica capacidad del ser humano de hacer el bien (entendiendo el término en la acepción espontánea que a cada uno le venga con su lectura), también es innegable su capacidad de hacer el mal, entendiendo también este término desde la espontaneidad y el automatismo de juicio del ser humano, como ser necesariamente sujeto a una moralidad.

Siendo más lo que nos une que lo que nos diferencia del resto de animales, me gustaría dejar claro que el ser humano comparte con el resto de los seres vivos los cuatro elementos que conforman la vida y que resultan fácilmente apreciables en el caso del hombre:

- Nadie duda, por ser fácilmente apreciable como programación, del instinto de supervivencia y conservación de nuestra especie a través de la reproducción y de la protección de la descendencia.

- Ninguna explicación requiere la existencia de nuestro cuerpo como maquinaria en la que se aloja dicha programación y en definitiva nuestra vida.
- Como animales de sangre caliente también resulta evidente que contamos con cierta energía que mueve componentes físicos de nuestro cuerpo, sosteniendo así la vida en tanto en cuanto la fuente de energía no se apague.
- Y, por último, me parece espontánea e intuitivamente evidente que, como ocurre con el resto de los animales, el sufrimiento y el gozo humano, tanto físicos como psicológicos, están vinculados y constituyen mecanismos al servicio de nuestra supervivencia y de la preservación de nuestra especie.

Si por el contrario analizamos las peculiaridades que nos hacen diferentes en nuestra condición de humanos, podríamos decir que el ser humano es además un ser necesariamente social que forma parte de una unidad superior que es la sociedad. Pero ello no es del todo exclusivo del hombre pues podría también hablarse de cierta condición social en otros seres vivos, aunque la intensidad y la sofisticación de sus relaciones sea inferior. Desde las comunidades de hormigas o abejas, las manadas de lobos o de leones, hasta cualquier comunidad de células agrupadas por ejemplo en la integración de un ser humano, todas ellas comparten sin lugar a duda una cierta condición social cuyo nivel de sofisticación es desde luego muy variable.

A lo largo del libro entraremos en contacto con otras peculiaridades del ser humano que son, o al menos parecen, específicas y exclusivas del mismo, tales como el desasosiego y el «deambuleo mental» o *mind wandering* al que nos auto-sometemos, así como su condición religiosa y el hecho de ser «seres morales» que vivimos condicionados por una búsqueda del alineamiento de nuestro comportamiento a normas o principios «vividos como naturales» que determinan nuestro sentido de la justicia. Profundizaremos sobre estas cuestiones en los siguientes apartados de este capítulo.

Podríamos también decir que el ser humano goza de conciencia, pero ningún factor científico es determinante para decidir a partir de qué punto utilizamos el término «ser consciente» dentro de los distintos niveles de posible consciencia que existen en el mundo animal. En cualquier caso, sí me atrevo a decir que el hombre cuenta con unos niveles de consciencia muy superiores al resto de especies.

Y en relación con ello, la consciencia indudable de la caducidad de la vida convierte a esta, en el caso de los humanos, en una lucha con dos posibles direcciones, que son a su vez compatibles entre ellas:

- Por un lado, luchamos por el alargamiento de la duración de nuestra vida. Nuestro instinto de supervivencia nos obliga a ello, como les ocurre al resto de los animales. Quizá no tengamos consciencia ni esté en nuestro propósito expreso el alargamiento de la vida, pero de alguna forma sí tenemos una inclinación permanente a defendernos de aquello que la pueda acortar. De hecho, el miedo a la muerte constituye sin duda la mejor motivación para al menos no dejar que la vida se nos acorte. Es la fuerza que nos lleva a «cuidarnos», a mantenernos en forma, a tener comportamientos saludables y a ser equilibrados como si de una «inversión» se tratara para una vida más larga y quizá de mejor calidad.

- Por otra parte, la consciencia de la limitada duración de nuestras vidas y el incentivo natural que nos llama a disfrutar de lo mundano nos produce muchas veces ese sentido o fuerza de la necesidad de «aprovechar» el tiempo de vida, de disfrutar, de vivir el presente, de no estar permanentemente reprimiéndonos etc.

Y en ambas direcciones, que a veces parecen contradictorias, el paso del tiempo determinará valores y prioridades diferentes en cada fase de nuestro tiempo total de vida.

Esa contraposición de fuerzas nos lleva a ser en mayor o menor medida cuidadosos y protectores de nuestra propia vida y de la de nuestros seres queridos, o por el contrario a preocuparnos más de «vivir» y menos de «sobrevivir» para alargar la vida.

Vivimos irremediablemente con el dilema de cómo establecer el equilibrio en esa contraposición de fuerzas. Es un permanente dilema que me lleva a hacerme preguntas como: ¿Es la vida para vivirla y disfrutarla o es más bien para alargarla? ¿Se puede alargar a la vez que se mejora el disfrute de la misma? ¿Cuál es el equilibrio adecuado para gestionar nuestra vida?

Tengo el convencimiento de que estas preguntas dentro del mundo animal son exclusivas del hombre. Y son las consecuencias de esta conciencia muy ampliada las que nos abren la puerta a los múltiples interrogantes y complejidades que se dan en el ser humano en la gestión de su propia vida. Nos llevan al terreno del «saber vivir» o la «sabiduría para la vida», que es precisamente a lo que trataremos de poner luz a lo largo de este libro.

ENCAJANDO EN EL MUNDO

Si tuviéramos que dar respuesta a las preguntas anteriores, seguramente echaríamos en falta de antemano ciertos otros interrogantes:

- ¿Es la vida para quien la encarna?
- ¿Está a nuestro servicio, o más bien al servicio de una descendencia para cuya búsqueda y protección venimos generalmente programados con un mandato biológico?
- ¿Se agota el propósito de la vida en ella misma o se encuentra más bien al servicio de la sociedad como unidad de vida mayor a la que pertenece?
- ¿Existen razones en el ámbito de la espiritualidad y la trascendencia que tienen las claves para estos dilemas?

Sin duda el ser humano cuenta con un nivel de consciencia sobresaliente en el mundo animal. Nuestra consciencia nos hace caer en la cuenta de nuestra presencia y encaje en el mundo, en nuestro entorno, además de informarnos de lo que realmente y en última instancia nos mueve, nuestras motivaciones. La consciencia en sí misma está libre de todo juicio pues su función no es de juicio sino de constatación de lo que somos y sentimos, lo que nos ocurre, lo que nos gusta y disgusta, etc. Pero sin duda ella nos ayuda a encontrar dentro de la profundidad de nuestro interior lo que cada uno de nosotros valoramos.

Y ese alto nivel de consciencia nos permite hacernos preguntas como las anteriores cuya respuesta no puede recaer en la ciencia sino en la filosofía, y sobre todo en la espiritualidad y en el ámbito de la dimensión trascendente del ser humano. Son precisamente esa dimensión trascendente y ese alto nivel de consciencia los que hacen muy diferencial al ser humano respecto de otros animales.

Se trata de una dimensión y una consciencia sin duda muy evolucionadas a lo largo de la historia de nuestra especie. La llamada «filogenia» no es sino la acumulación de información y experiencia en nuestros genes a través de las generaciones. Es una información recibida de nuestros antecesores en el nacimiento. Es en definitiva el enriquecimiento creciente de nuestra programación genética, generación tras generación, que se va incorporando a nuestros genes desde nuestra concepción. Es supuestamente una mejora para hacernos más aptos para la supervivencia en los cambiantes entornos en los que se desarrolla la vida. En virtud de las leyes de la evolución, como parte de la selección natural, quienes tienen mayores oportunidades de sobrevivir (o hacerlo exitosamente) y mantener su especie serán preferentemente quienes ya han incorporado a su «equipamiento de serie» (sus genes) ciertos conocimientos o mecanismos que nos hacen más aptos para esa supervivencia. Los menos aptos sobrevivirán menos al estar peor adaptados al entorno cambiante, y por tanto engendrarán menos descendientes que los más preparados para la superveniencia. Es sencillamente la evolución y la lucha por la supervivencia en la que tanto trabajó Charles Darwin. Y por ello deduzco que los altos niveles de consciencia del ser humano alcanzados a lo largo de la Historia de la humanidad han contribuido de forma relevante a nuestra supervivencia y desarrollo como especie.

Pero además de la evolución genética o transgeneracional de nuestras conciencias, no cabe duda de que nuestro nivel de consciencia evoluciona normalmente a lo largo de la vida de cada uno. En general una persona madura tiene desarrollado un mayor nivel de consciencia que un adolescente. La experiencia de la vida y nuestro desarrollo y trabajo en el autoconocimiento incrementan nuestro nivel de consciencia, lo que nos coloca en un estadio evolutivo superior. Soy por ello un gran impulsor de la importancia de la inversión de esfuerzo por todos en autoconocimiento y en incrementar nuestro nivel de consciencia. Y este es el punto de partida para la causa principal a la que pretende contribuir este libro orientado a conocernos y saber vivir.

NUESTRO CÓDIGO MORAL

La condición moral es propia del ser humano. Necesitamos encajar nuestras actuaciones en comportamientos que consideramos legítimos. Ser seres sujetos a una moralidad nos hace tremendamente humanos.

Se discute muchas veces si existe o no un derecho natural o una moral más allá de los códigos morales que el propio hombre haya podido crear. Es decir ¿hay un código o derecho natural por encima de cualquier creación o convención del hombre? Personalmente pienso que todas las reglas y principios morales y de convivencia no son tanto naturales y eternas sino consecuencia de la conveniencia en cada momento de los grupos en los que dichas normas se encuentran vigentes. Pero a efectos de este libro lo relevante no es la discusión sobre si las normas o principios morales provienen o no del derecho natural y son creaciones superiores al hombre. La relevancia debemos ponerla en la constatación de que el hombre vive convencido de la existencia de unas u otras normas o imperativos morales que deben cumplirse.

Todas las personas (salvo aquellas que no pueden considerarse normales) buscamos la legitimidad y la justificación de nuestras actuaciones. Y tan pronto como sentimos que hemos realizado algo que «no es correcto», desatamos una actividad racional importante para encontrar argumentos o justificaciones para construir un relato justificador de nuestro actuar como legítimo o moralmente adecuado. No aceptamos ser mirados como personas que hemos actuado «indebidamente» cuando nuestro fuero interno siente que es cierto que nuestro actuar no ha sido correcto. Lo sentimos pero no lo aceptamos y por ello construimos internamente relatos auto-justificadores de nuestra conducta. Trataremos este tema con mayor profundidad en el Capítulo 4 que trata sobre el comportamiento social.

La evolución de nuestra especie ha desarrollado e impregnado con fuerza en el ser humano la costumbre de someter todo a juicio para categorizar las cosas (haciendo una simplificación) en buenas o malas. Tendemos a clasificar inconscientemente las cosas como buenas o malas según nuestros valores, experiencias pasadas y la perspectiva desde la que las juzgamos. Más allá de esa clasificación, a lo largo de nuestra evolución nuestra capacidad para categorizar se ha ido incrementando, encontrándose muy vinculada con el nivel de desarrollo de nuestra corteza prefrontal. Que una persona sea capaz de clasificar en dos, tres o cincuenta categorías es algo dependiente de su historia de aprendizajes, de la experiencia que va «esculpiendo» ese sistema de clasificación, en gran medida alojado en esa corteza prefrontal.

En paralelo nuestros valores están sujetos a una evolución que se produce tanto en el plano social transgeneracional a lo largo de la historia de una comunidad social como en el plano individual a lo largo de la trayectoria de cada una de nuestras vidas.

En cuanto a la evolución transgeneracional, al igual que he explicado en relación con la consciencia, nuestro entorno social ha ido evolucionando y conformando un sistema individual y social de valores y pautas de convivencia que a su vez va contribuyendo al desarrollo de sistemas internos individuales de valores capaces de convivir (cada uno a su manera) con el sistema social de valores. La evolución social y la evolución genética, generación tras generación, son determinantes de estructuras cerebrales preparadas para vivir y administrar valores. Pero ¿incluye esa evolución el desarrollo y arraigo interno de valores concretos con sustancia propia y más predominantes? Mi observación del mundo me lleva a concluir que en general los valores de cada persona se perfilan en una mayor parte con su educación utilizando las plataformas neuronales pre-programadas con las que nacemos para hacer uso de ellas. Pero existe otra parte de esas plataformas que incorpora valores arraigados que se trasmiten genéricamente como mecanismo de protección de la especie. Se me ocurre pensar, por ejemplo, en el valor relacionado con el respeto y la honra a nuestros muertos que parece haber perdurado a lo largo de la Historia de la humanidad, seguramente por el efecto positivo que tiene en los vivos.

En el plano más operacional podemos apreciar con nuestra simple observación que si algo se acerca rápidamente hacia nosotros, antes de identificarlo como peligroso o seguro se inician respuestas automáticas de defensa (golpearlo) o alejamiento (esquivarlo) como forma de protección física de nuestro cuerpo. En ello también la evolución nos muestra cómo si ese objeto presenta una serie de características (aprendidas por nuestros ancestros), la reacción es muy rápida. Por el contrario, ante estímulos que no las presentan la respuesta no es tan rápida.

Haciendo un símil podría decirse que nacemos con herramientas o *software* informático, pero en versión virgen, para ser usadas con la información que vayamos suministrándole para conseguir la funcionalidad o el valor concreto que decidamos o que las circunstancias nos determinen. Nacemos con un Excel pero lo podemos usar para administrar un valor u otro, metiendo unos u otros datos en función de las interacciones con nuestro entorno en forma de vivencias y experiencias, tanto buenas como malas. Y prueba de ello son los distintos códigos de valores que existen en distintos grupos sociales o raciales... La observación de fenómenos como el nazismo y similares permite concluir lo tremendamente moldeable que resulta nuestro sistema de valores y creencias en función de nuestro entorno. Seguramente en esa sociedad del nazismo no existía conciencia moral en muchas personas de las barbaridades que se estaban cometiendo, que llegaban a considerarse normales y legítimas, acordes a ese sistema de valores en el que muchos vivían inmersos.

Los valores sociales han ido creándose y arraigando en nuestras sociedades, siempre con la finalidad de contribuir de una u otra forma, directa o indirectamente, a la supervivencia de la sociedad. Los valores que las sociedades desarrolladas han venido asumiendo son en gran parte responsables de los logros alcanzados en materia de desarrollo económico y material, contribuyendo también a la mejora de nuestra convivencia y seguridad. Esos valores y códigos de relación y convivencia han ido quedando registrados en eso que Rousseau denominaba el contrato social. Sin duda han procurado una gran utilidad a la sociedad como grupo para asegurar una «eficaz» convivencia.

Sin embargo, hoy, como expongo en el libro *Rousseau no usa bitcoins*[1], parece que ese contrato social tan útil para llegar hasta nuestro nivel de desarrollo ha quedado obsoleto. Parece como si los valores que sustentaban ese contrato social no resultaran ya útiles o apropiados para seguir contribuyendo a la mejora y fortaleza de nuestra sociedad. Por esa razón, el contrato social en su sentido tradicional hoy está muy en entredicho, precisamente por entenderse que esos valores «tradicionales» quizá no sirvan para una sociedad tan desarrollada y avanzada económicamente como la nuestra. Nos preguntamos por ello si nuestro «sistema», digamos que el occidental, está obsoleto.

Por más que a muchos como a mí mismo nos parezcan valiosos los valores y virtudes tradicionales, la creciente superficialidad de nuestro mundo nos está conduciendo a una sociedad en la que «todo vale si funciona para nuestros fines» y mientras se respete una estética formal decente o políticamente correcta. Lo aparente se hace hoy más impor-

---

1   *Rousseau no usa bitcoins*. Editorial Kolima, 2018.

tante que la sustancia. Solo esto puede explicar, con sentido antropo-social, la crisis de valores y referencias que se da hoy en nuestra sociedad. Ojalá sea nada más que un bache en el camino del desarrollo de valores en el que el hombre siempre ha caminado, a pesar de sus múltiples tropezones. O quizá deba yo admitir que es solo la apreciación de un nostálgico que ya no es un niño y pierde la consciencia de que este fenómeno siempre se ha dado a lo largo de la Historia. Pero ¿es normal tanto deterioro de los valores en tan poco tiempo?

Con el transcurso de la vida los individuos vamos siendo influenciados por la sociedad que nos rodea, y que puede ser más o menos cambiante. Nuestros valores personales en mayor o menor medida tenderán a alinearse con la evolución de los valores sociales, o bien a mantenerse marcadamente discrepantes de ellos si nuestro estilo personal o nuestra personalidad es de tendencia disidente a lo que generalmente impera en cada momento. El que pertenece al rebaño ajustará sus valores para no salirse de la manada, pero el que es rebelde ajustará también sus valores para asegurarse de que mantiene el nivel de rebeldía deseado. Se trata de una evolución individual pero condicionada por la evolución de nuestro entorno, por lo que podríamos calificarla de evolución socio-individual.

Existe también una evolución de nuestros valores individuales que no se relaciona con el entorno social sino con el ciclo vital propio en el que nos encontramos. A lo largo de la vida vamos viendo las cosas de distinta forma, y con seguridad vivimos con valores muy diferentes según la etapa vital. El joven es sin duda mucho más proclive a la libertad, al riesgo y a la individualidad pues necesita encontrar su hueco en la manada o en la sociedad. Y así debe ser, pues la juventud ha de ser el motor de la innovación o la adaptación social. Por el contrario, las personas más mayores tienden a ser más prudentes y conservadoras y la experiencia les hace valorar de forma prioritaria la seguridad, haciéndose a su vez más conscientes del valor de las buenas relaciones amorosas y de cariño y de la mejora social.

Esta evolución intra-individuo relacionada con la edad está con seguridad relacionada con ese instinto de conservación social que fomenta el desarrollo de sociedades en las que se da el enriquecimiento derivado de una lucha entre las fuerzas innovadoras y de cambio, representadas por los jóvenes, y los criterios de prudencia y sabiduría más propios de los mayores.

Vivimos en nuestra sociedad un desarrollo científico y tecnológico trepidante. Muchos describen un futuro próximo en el que casi habremos vencido a la muerte, o al menos alargado enormemente la duración de nuestras vidas. Soy escéptico en relación con ello pues el ser humano tiene una enorme capacidad de solucionar problemas, pero también de crearlos. Y por ello, en esa dinámica unas cosas buenas compensarán las no tan buenas, confiando en que siempre haya un pequeño excedente de mejora. Pero, en ese hipotético escenario de vidas tan prolongadas y optimizadas ¿continuarán los jóvenes en edad de procrear sacrificándose para hacerlo y encargarse del cuidado de sus hijos? ¿Se mantendrá la entrega filantrópica de los mayores para proteger el mantenimiento de la especie a través del cuidado de las generaciones más jóvenes procreadas? ¿O quizá cambie la programación o predisposición genética de los futuros jóvenes para hacerles mucho más solidarios y compasivos con los más mayores de nuestra sociedad que verán muy alargada la vida y por tanto quizá sea mayor la duración de su situación de dependencia? ¿Es quizá posible que el incremento de parejas LGTBI pueda obedecer a un espontáneo e inteligente mecanismo auto-protector de nuestra naturaleza social, desacelerando el incremento de población ante una situación en la que el alargamiento de la vida podría llevar a una saturación de población?

No tengo respuesta ni capacidad de predicción, pues la evolución y las formas de adaptación social son poco anticipables. Y por más que a algunos nos guste elucubrar haciendo previsiones sobre el futuro social, en temas sociales «el camino se hace al andar». Pero sí me atrevo a decir que serán las sociedades, cuyos miembros sepan gestionar adecuadamente estos dilemas evolutivos en convivencia con unos adecuados valores, las que sobrevivirán y se harán más fuertes en el campo de juego global.

EL GEN RELIGIOSO

Llamo trascendente o espiritual a esa dimensión no aprehensible de nuestra existencia y de nuestra vida, a aquel territorio de ignorancia que llevó a Sócrates a decir que solo sabía que no sabía nada. Es aquel océano, o más bien universo de ideas, razones, conocimientos, porqués, valores, lógicas relativos a nuestra existencia que hoy no podemos conocer, aunque nos gustaría hacerlo.

A pesar de la ingente cantidad de conocimiento que existe en el mundo, dicho conocimiento está delimitado por los confines y las reglas del método científico y deja fuera todo ese universo maravilloso que sitúo bajo el nombre de trascendencia o espiritualidad. Ese mundo que hay más allá de la ciencia es un territorio al que no podemos acceder con las limitaciones derivadas de nuestra concepción de las cosas y de nuestro lenguaje. Pero es el territorio que tiene la respuesta para explicar «el porqué». Si la ciencia se mueve en el ámbito del «qué», el universo del misterio se mueve en el ámbito del ¿«por qué» estamos aquí?, ¿«por qué» se produjo el Big Bang? y todos los porqués que queramos plantearnos. Son «porqués» cuya respuesta exige ir más allá de las explicaciones puramente físicas, químicas o lógicas que describen los fenómenos como relaciones de causa-efecto. Son respuestas, seguramente personalísimas, que exigen «sentido» y mucho más que meras palabras en la explicación de cada «porqué».

El hombre es un ser con inquietudes religiosas. Quiere y busca explicaciones que den sentido a su vida y a la muerte y por ello es de suponer que es algo solo propio del hombre. Se habla incluso de un gen religioso, con las lógicas polémicas sobre ello. Unos tienen creencia o fe en un Dios y practican más o menos una religión. Otros creen activamente en la no existencia de Dios. Y otra tercera categoría se mantiene en la duda sin atreverse a pensar ni una cosa ni otra. Pero en todos ellos se da esa reflexión o inquietud interna sobre la existencia o no de Dios y sobre el sentido de la vida o el más allá. La mera discusión de si Dios existe o no es de alguna manera admitir el concepto de Dios y ello condiciona de alguna forma nuestra existencia.

En cualquier caso, no puede ser la ciencia la que nos lleve a creer o no creer en Dios. Incluso para quienes se sientan o declaren activamente ateos, una mínima humildad existencial debería llevarlos a aceptar y convivir con ese universo del misterio en el que pueden depositar la incógnita sobre si es o no necesaria la existencia de «un principio antes de todas las cosas» o si existe un «porqué» que explique el sentido de nuestra existencia y de las cosas.

Me resulta especialmente elocuente la respuesta de Einstein cuando alguien le preguntó que qué le preguntaría a Dios si pudiera hacerle una pregunta. Él, una de las mentes más brillantes de la Historia de la humanidad, respondió que preguntaría «*¿Cómo empezó el Universo? Porque todo lo que vino después es matemática*». Sin embargo, tras pensárselo un poco cambio de opinión y dijo «*en lugar de eso* *preguntaría, ¿por qué fue creado el Universo? Porque entonces conocería el sentido de mi propia vida».*

Dentro de esa dimensión y universo de la trascendencia y la espiritualidad, el ser humano sitúa todas sus creencias o dudas respecto a la existencia del alma, la supervivencia más allá de la muerte corporal, la vida eterna, la posible resurrección o reencarnación, y desde luego a eso inaprensible que llamamos Dios. La naturaleza de Dios, divina por definición, impide comprender bien lo que es y en qué consiste esa naturaleza sobrenatural propia de Él. Es por tanto muy atrevido no tener ninguna duda respecto de algo que no somos muy capaces de concebir. Pero a pesar de ello el motivo religioso ha sido y es uno de los grandes provocadores de muertes violentas.

Pero también sitúo en ese universo del misterio y de la espiritualidad todo el maravilloso mundo del amor, cuya descripción casi solo puede acometerse a través de la poesía. Junto con el miedo, el amor es la mayor fuerza movilizadora de la actividad humana. Y muy relacionado con el amor se sitúa el universo de la belleza en todas sus manifestaciones, que tienen en el arte su canal de expresión pero que se encuentra también en ese territorio de lo indescriptible, de lo no sujeto a regla alguna definida, sino que adquiere carta de naturaleza gracias a la conexión y el compartir entre humanos los conceptos de arte o belleza a través de algo mágico, misterioso.

Es también en el espíritu donde alguien tan escéptico como yo encuentra sin explicación el verdadero amor como única fuente de verdad. Se trata para mí de una verdad que no es cuestionable por no ser comprensible. El amor es una verdad experimentable, y como experiencia se hace incuestionable. Es una verdad que no necesita explicación pero que nos inunda de plena confianza para descansar en ella y ser solución a todos los conflictos y dilemas que nos afectan internamente, irradiando la paz y la justicia que son propias de ese bien supremo que es el amor. El espíritu de amor es una verdad que se vive y se siente pero que difícilmente resulta explicable ni comprensible para quien no comparte las vivencias espirituales.

Es quizá la dimensión trascendente o espiritual del ser humano la que me atrevo a decir que hace más diferencial al ser humano del resto de seres vivos. Pero lo digo sin ningún conocimiento de causa y sin capacidad de conocer fenómenos de similar naturaleza que pudieran darse, vivirse o sentirse de forma similar, aunque quizá primitiva, en otros seres vivos. En cualquier caso, de forma muy arraigada, parece que los humanos nos creemos que somos los únicos con estas inquietudes.

Como he mencionado, soy conocedor de las teorías o incluso de ciertas afirmaciones científicas que nos hablan del «gen religioso» en los humanos como una creación evolutiva del hombre que constituye un mecanismo para aplacar las inquietudes propias de su existencia. Compartir y aceptar la existencia de dicho gen no es para mí incompatible con mis creencias religiosas ni con mi descanso y confianza en ese universo del misterio ante cualquier desasosiego existencial. Más bien al contrario: estimo que quienes vivimos con relevancia una dimensión trascendente, espiritual o religiosa no debemos negar las verdades científicas que explican el funcionamiento de nuestro mundo y de nuestro propio cuerpo. Son conocimientos que dan explicación a los fenómenos físico-químicos que dieron lugar a nuestro mundo y que dan también explicación al funcionamiento de nuestro cuerpo, nuestras creencias, sensaciones... Son explicaciones en el ámbito y con perspectiva científica que, aun pudiendo ser ciertas, son compatibles con otras explicaciones de más complejo calado, de mayor perspectiva y con la incorporación de las dimensiones acerca del origen y el sentido.

En este sentido, la Iglesia ya cometió hace unos cientos de años el gráfico error de negar que la Tierra giraba alrededor del Sol cuando la ciencia acreditaba lo contrario. Parece hoy evidente, con la perspectiva del siglo XXI, que el hecho de que sea la Tierra la que gire alrededor del Sol o lo contrario es algo absolutamente irrelevante para gozar o no de fe o creencia en un Dios o en cualquier forma de ser o fuerza «superior».

Muchos científicos y personas niegan la existencia de ese universo del misterio por el hecho de conocer determinados fenómenos físico-químicos que nos afectan y dan una explicación desde ese ámbito a muchas cosas que nos ocurren. Es evidente que nuestro cuerpo es un laboratorio químico y que son las secreciones de un tipo u otro las que contribuyen de forma determinante a nuestro bienestar y sufrimiento. Y es también evidente que las secreciones están siempre asociadas a nuestras actividades y conductas, como se segregan endorfinas haciendo deporte, se cambia la regulación del ácido gamma-aminobutírico (GABA), la serotonina o la norepinefrina durante la meditación o se activa el núcleo accumbens al sentir placer. Y negar esto hoy desde argumentos de fe religiosa me parece algo tan equivocado como lo fue hace siglos la negación por la Iglesia Católica de que la Tierra giraba alrededor del Sol. Pero todas esas verdades científicas no destruyen las convicciones y vivencias espirituales, que no pueden, en ningún caso, ser tratadas con el método científico.

Me cuesta mucho aceptar el fundamentalismo de algunos científicos cuando declaran categóricamente determinadas cuestiones, como por ejemplo que se puede probar la no existencia de Dios. Me permito recomendarles una mínima humildad que los lleve a aceptar que hay un territorio más allá de la ciencia en el que pueden existir otras explicaciones, aunque no seamos capaces de acceder a ellas. Y como ejemplo de esa humildad científica que yo creo que deberían tener todos los científicos me permito trascribir un extracto de un libro de David Eagleman titulado *Incógnito*. En este pequeño relato, David Eagleman, siendo uno de los grandes expertos hoy en neurociencia, tiene la suficiente humildad para admitir que la ciencia tiene sus límites y para ello nos relata una situación teórica creada a modo de mero ejemplo. En esa pequeña historia hace un paralelismo que deberían tener más presente los científicos que con cierta arrogancia desprecian o afirman la inexistencia del misterio más allá de los límites del propio método científico que se basa en la observación con límites en lo conocido. Merece la pena dedicar un par de minutos a esta transcripción literal que el propio Eagleman denomina «la Teoría de la radio»:

«Imagine que es usted un bosquimano del Kalahari y que se topa con una radio de transistores en la arena. Puede que la coja, haga girar los botones y de repente, para su sorpresa, oiga voces brotando de esa extraña cajita. Si es usted curioso y tiene una mente científica, puede que intente averiguar qué ocurre. Puede que levante la tapa trasera y descubra un nido de alambres. Pongamos que ahora comienza un estudio concienzudo y científico de qué provoca las voces. Observa que cada vez que desconecta el cable verde, las voces callan; cuando vuelve a conectar el cable se vuelven a oír las voces. Lo mismo ocurre con el alambre rojo. Si tira del alambre negro las voces se vuelven embrolladas y si elimina el alambre amarillo el volumen se reduce a un susurro. Lentamente lleva a cabo todo tipo de combinaciones y llega a una conclusión clara: las voces se basan por completo en la integridad del circuito. Al cambiar el circuito, se deterioran las voces.

Orgulloso de sus nuevos descubrimientos, dedica su vida a desarrollar una ciencia de cómo ciertas configuraciones de cables crean la existencia de voces mágicas. En cierto momento, un joven le pregunta cómo es posible que algunos circuitos de señales eléctricas puedan engendrar música y conversaciones, y usted admite que no lo sabe, pero insiste en que su ciencia está a punto de desentrañar el problema en cualquier momento.

Sus conclusiones se ven limitadas por el hecho de que no sabe absolutamente nada de las ondas de radio ni, en general, de la radio electromagnética. El hecho de que en ciudades lejanas existan estructuras llamadas repetidores de radio (cuyas señales producen las ondas invisibles que viajan a la velocidad de la luz) le resulta algo tan ajeno que ni siquiera se le pasaría por la cabeza. No puede saborear las ondas de radio, no puede verlas, no puede olerlas y no tiene ninguna razón acuciante para ser lo bastante creativo como para ponerse a fantasear acerca de ellas. Y si soñara con ondas invisibles de radio que transportan voces ¿a quién podría convencer de su hipótesis? No posee ninguna tecnología para demostrar la existencia de las ondas y cualquiera le señalará, con razón, que tiene la responsabilidad de convencer a los demás. Así acabaría convirtiéndose en un materialista de la radio. Concluiría que, de alguna manera, la configuración correcta de cables engendra música clásica y conversación inteligente. No se daría cuenta de que le falta una pieza enorme del puzle».

También Antonio Damasio, uno de los neurocientíficos actuales más prestigiosos y gran estudioso del cerebro humano y de su entronque en el funcionamiento de la vida, en su libro *El extraño orden de las cosas*, desde su ejemplar humildad científica afirma que *«es muy natural que el influjo de descubrimientos científicos tan deslumbrantes y poderosos nos haga creer en certezas e interpretaciones prematuras que el tiempo descartará sin piedad».*

Todos los conceptos que existen a ojos del ser humano son creaciones a través de la capacidad creativa unida al lenguaje. La creación de representaciones mentales por alguien, seguida de la trasmisión a otras personas de esas ideas creadas a través del lenguaje, crea conceptos que acaban arraigando en la sociedad. Algunos científicos practicantes de la mencionada arrogancia alegan por ello que Dios no es sino una creación puramente humana. Nadie debe dudar de que la delimitación del concepto de Dios y su propio nombre son, conceptualmente hablando, una creación del hombre, y por ello cada idioma utiliza un distinto término y seguramente una diferente descripción para el mismo en sus diccionarios oficiales. Pero también es una creación del hombre el concepto de montaña, pues esta no es sino una masa de tierra y minerales, y solo existe como montaña desde que el hombre le da sentido de montaña y le pone nombre. Por ello, esa línea irregularmente científica de negarlo la existencia de Dios porque conceptualmente es una creación humana nos llevaría a negarlo todo, incluso el amor y la existencia de montañas.

No he pretendido demostrar la existencia de Dios ni mucho menos. Pero sí quiero ser crítico y desvirtuar los argumentos de quienes desde la arrogancia científica pretenden exceder los límites de su legitimidad científica para tratar «estúpidamente» de demostrar la no existencia de Dios. Y si lo he hecho no es tanto por entrar en ese debate sino por considerar que, si hablamos del ser humano, resulta fundamental tener presente que, como parte de su naturaleza, está el desasosiego propio de las incertidumbres respecto de su existencia. Y ninguna ciencia humana ha podido, ni tampoco podrá, negar ese desasosiego sin caer en su propia incoherencia científica. Pues cualquier conocimiento científico tiene sus límites donde llega su experimentación y estará condicionado o limitado por el prisma y la perspectiva humana. Jamás el hombre estará libre de esos interrogantes, dudas e inquietudes. Y quien así fuera y así viviera, no sería un humano.

LA IMPORTANCIA DEL DEAMBULEO MENTAL

Los humanos tendemos a ser inquietos, cada uno con sus propias inquietudes. Somos también persistentes en maquinar, en juzgar, en vislumbrar hipótesis, anticipar escenarios...

Me encanta estar, sentirme y vivir las vacaciones como de verdad deben ser. Me encanta que lleguen los fines de semana cuando de verdad me los puedo regalar sin estar sometido a obligación tras obligación. Me gustan porque aparco mentalmente mis obligaciones, o lo que es lo mismo, y en términos coloquiales, «desconecto». Pero soy a la vez consciente de que cuando tengo tiempo libre a menudo se despierta en mí y se conecta en *on* una función de reflexión y cuestionamiento internos para someter a examen si estoy haciendo lo que debo o si debiera estar haciendo o pensando en algo para mi propio bien o protección. Por ello, lo que más me gusta de las vacaciones es el permiso que me doy para posponer cualquier inquietud o reflexión perturbadora de mi sosiego. Tan pronto aparecen me digo «estás de vacaciones, olvídate y vive el momento, que eso ya lo tratarás a la vuelta».

Uno de los rasgos o características más claros y singulares del cerebro humano es que cuando no está dedicado a otra tarea tiende a arrancarse para pensar, buscar o cuestionarse si estamos amenazados por algún peligro, anticipando escenarios futuros, cuestionando si podríamos hacer las cosas de manera mejor para nuestra vida o si debiéramos estar haciendo algo que no estamos haciendo. En definitiva, se trata de una actividad cerebral por defecto de otras que nos diferencia de forma radical de otros animales. Aunque puede tener otros nombres, en algún artículo científico he visto referirse a ello como «*mind wandering*» («deambuleo mental») y me gusta por su paralelismo con ese dar vueltas y vueltas a las cosas sin rumbo fijo como cuando deambulamos. Quizá otros animales puedan compartir algo de ese deambuleo, pero indudablemente en el hombre dicho fenómeno es de muy intenso uso y un alto grado de sofisticación, lo que marca una gran diferencia.

Me encanta observar a mi perro cuando tiene el estómago lleno y está tranquilo. No me puedo meter en su cabeza, pero no tiene ninguna pinta de estar preocupándose por su futuro. Sencillamente está tranquilo y con pinta de estar disfrutando de su existencia, o al menos parece estar libre de factores mentales perturbadores de su paz interna.

Lo mismo puede decirse de un ciervo pastando en el campo cuando no le acechan peligros y se echa una vez se encuentra bien alimentado. No parece querer nada más, ni pensar en el día de mañana o preocuparse por si en algún momento hay un incendio en el bosque o llega una sequía.

Los animales no sufren el desasosiego que sí sufre el humano vislumbrando peligros por todos los lados, pensando todo lo que podría hacer y no está haciendo, preparándose para la vida en el futuro, comparándose con los demás para medir su posición en la sociedad. Y como eso, y cada loco con su tema, muchas cosas más relacionadas con una inquietud por nuestra seguridad, protección, calidad de vida futura, posicionamiento social, etc. En gran medida ese pensamiento por defecto nos priva de agarrar y vivir de verdad el presente. Pues nosotros siempre estamos físicamente en el «aquí y ahora» pero nuestra mente o nuestra cabeza tiende a estar proyectada en otros momentos o en ideas o reflexiones ajenas al presente.

Se dice que este rasgo es probablemente el mejor mecanismo de supervivencia y el que ha llevado al ser humano a un estadio de desarrollo muy superior al resto de los animales en muchas facultades. De tanto dedicar la cabeza a prevenir, a compararse con los demás, a anticipar peligros, a pensar en cómo prepararnos para las contingencias, desarrollamos unas fortalezas que nos hacen mejores supervivientes en una naturaleza siempre llena de peligros. Además, el desarrollo así alcanzado nos coloca en mejor posición para someter al resto de especies.

Por ello, desde esa perspectiva debemos estar agradecidos a este mecanismo, pues a él le debemos haber llegado hasta donde hemos llegado en cuanto a desarrollo y evolución. Podemos apreciarlo tanto en aspectos puramente científicos y organizativos, que nos han procurado progresos materiales y de eficacia, como en aspectos artísticos, lúdicos y espirituales, que nos procuran otras satisfacciones probablemente exclusivas del ser humano.

Pero, a su vez, desde otra perspectiva debemos ser conscientes de que ese mecanismo es también responsable de muchas causas de insatisfacción, desasosiego y pérdida de la paz interior que tanto contribuye a nuestra felicidad. La inquietud y la agitación que proceden del constante cuestionamiento y la reflexión o la insatisfacción por pensar que algo podría ser mejor o más seguro nos expropia en gran medida la vivencia plena y contemplativa del presente que constituye el único vivir pleno y consciente. Por ello, como ocurre con otras funciones o mecanismos del ser humano, el deambuleo mental debe ser administrado adecuadamente si no queremos que una magnífica herramienta de crecimiento y protección se convierta en una esclavitud de la que no podemos liberarnos. Una esclavitud supuestamente al servicio de nuestra supervivencia y la de nuestros descendientes que seguramente no cumplirá su función si nos excedemos en su uso. El exceso puede sin duda provocarnos una pésima calidad de la experiencia «vivida» de la vida. Es claro que llevado al extremo el uso obsesivo de ese mecanismo de pensamiento por defecto será causante de desequilibrios o sufrimientos psicológicos, convirtiendo la vida en la carga de vivirla, lo que puede llevarnos a nuestro propio debilitamiento.

Empezaba este apartado refiriéndome a las vacaciones y a los descansos dominicales, pues durante los mismos se supone que deberíamos dar también vacaciones a nuestro deambuleo mental. Si no durante todo el tiempo sí al menos en su mayor parte. Pero, lamentablemente, en las sociedades modernas estamos más sometidos a la maquinaria de la sociedad que nos exige cuidar muchos frentes y dar la talla en todos ellos. Y esto provoca que ese descanso real nos lo permitamos demasiado poco. Me llama especialmente la atención observar (así por lo menos lo observo yo) que muchas veces, sin ser muy conscientes de ello, hacemos muchas cosas más para poder «contárselas» a los de nuestro entorno que realmente porque las disfrutemos. O dicho de otra forma, las disfrutamos porque podremos contarlas. En definitiva, nos permitimos poco descansar haciendo nada o lo que realmente nos apetezca, pues hasta en esos momentos de supuesto descanso estamos trabajando en crear una estética de vacaciones atractivas para poder contarlas. O lo que es lo mismo, trabajando nuestro estatus y atractivo para asegurar nuestra supervivencia social.

Pocas veces nos permitimos de verdad el paso del tiempo de forma plenamente «inútil» sin que sirva para nada, ni siquiera para contarlo, pues de alguna manera tenemos una cierta obsesión por no «perder» nuestro tiempo. Y de tanto intentar no perderlo a menudo perdemos la purificación y la renovación que produce un verdadero descanso mental. Desconectar ese deambuleo y centrar nuestra atención en la plena vivencia asociada al momento presente en el que estamos es la única forma de verdadera vida, pues solo en el presente se vive. Cuando vivimos con nuestra mente en el futuro o en algo distinto a lo que estamos haciendo llegamos a perder el verdadero y pleno disfrute del momento, perdemos la vivencia auténtica de la experiencia de vida. Siempre me he hecho esta reflexión cuando la gente en los viajes o ante animales, paisajes o situaciones, que solo tenemos durante un breve momento para ver y disfrutar, en lugar de contemplarlos y disfrutar se dedican nerviosos a hacer fotos para inmortalizarlos y poder enseñar después el vídeo o la fotografía en Instagram.

No resulta nada sencillo aquietar el deambuleo mental y nuestras inquietudes en general. Pero por salud y plenitud interior deberíamos practicar mucho más su aquietamiento. Se trata de conseguir estados de observación y contemplación en los que nada concreto pasa por nuestra mente, más allá de divagaciones inútiles asociadas a las visiones o a los estímulos sensoriales que vamos teniendo. Pero es sumamente complicado para una persona de nuestro tiempo permitirse el lujo de estar sentada una o dos horas sencillamente sin hacer nada, ni pensar en nada de utilidad relacionado con su futuro. Y ello se hace especialmente difícil en una sociedad tan exigente como la nuestra en la que, como ya he dicho, para nuestra supervivencia social nos preocupamos mucho de hacer cosas para contarlas. Ello nos dificulta dedicar el tiempo a cosas maravillosamente simples o sencillas, que cuando se cuentan no resultan socialmente atractivas ni glamurosas ni revierten utilidad para nosotros.

Por alguna razón pocas escenas nos permiten entrar en situación contemplativa. De forma natural se consigue con mucha facilidad cuando uno contempla el fuego, el discurrir de un río de montaña o el horizonte desde la orilla del mar. Se trata de escenas que provocan miradas que desactivan el mecanismo del deambuleo y nos dejan tranquilos durante un rato. Y creo que lo consiguen por una doble razón. La primera porque el movimiento mayor o menor de la escena «nos distrae» o distrae a nuestra mente al reclamar atención. Por otra parte, son situaciones atractivas de las que podemos alardear con los demás diciendo cosas como «pasé la tarde mirando la chimenea en el campo» o «qué maravilla de semana en la playa sin hacer nada en todo el día». De alguna forma el *mindfulness*, tan de moda hoy en Occidente, cumple de forma similar la doble función de parar nuestra mente, a la vez que otorga un atractivo social por el glamuroso halo que lo rodea.

Me encanta la palabra «entretenerse». Es muy común en los pueblos oír que alguien se va a la viña o a la huerta para cuidarla y entretenerse, o que alguien echa muchas horas y se entretiene montando aviones o barcos o haciendo puzles por ser su afición o hobby. También a través de esas actividades uno consigue detener el deambuleo mental, tan destructivo muchas veces en tiempos de ocio, para dedicar su mente a la actividad que le entretiene y absorbe. Entramos por esta vía en un estado *«flow»* o de fluir en el que se da una gran concentración en lo que se tiene entre manos apartando todo lo demás de la mente. El tiempo en esas situaciones parece que se detiene cuando, paradójicamente y sin darnos cuenta, se nos pasan horas y horas, que parecen minutos. Decimos también frases como «se distrae mucho cuidando las plantas o pintando la casa» pues realmente lo que con ello se consigue es distraer al deambuleo y evitar así que este arranque.

Al menos en Occidente, a los seres humanos nos cuesta demasiado poner en *off* nuestra función de pensamiento para pasar simplemente a estar, observar, aceptar el entorno y vivir plenamente como hacen el resto de los animales. El dilema ya planteado sobre si estamos aquí en el mundo para «vivir» la vida (con el deambuleo mental desconectado) o para asegurar nuestra «supervivencia» (con el deambuleo en *on*) cobra especial relevancia en este tema y nos debería llevar a todos a buscar y encontrar un satisfactorio equilibrio.

CAPÍTULO 2. ¿QUÉ NOS MUEVE?

*Aquel que tiene un porqué para vivir
se puede enfrentar a todos los cómos.*
FRIEDRICH NIETZCHE

LAS MOTIVACIONES, EL PORQUÉ DE NUESTRAS ACCIONES

Tras haber hablado de lo que es la vida y en concreto de la del ser humano, me gustaría dedicar este apartado a explicar qué es lo que marca la dirección de nuestras acciones o actuaciones. Somos seres que estamos en constante movimiento, acción y pensamiento, y siempre me ha gustado entender el porqué de nuestras acciones, ya sean conscientes e inconscientes.

Existe indudablemente mucha acción interna en nuestros cuerpos que se desarrolla de forma inconsciente, automática y espontánea, como puede ser la respiración y en general el funcionamiento de nuestros órganos. No dedicaré mucho a explicar cuál es la finalidad u orientación de esa actividad, pues parece claro que toda ella está precisamente al servicio de mantener nuestro cuerpo biológicamente vivo como una mera maquinaria.

Por ello, cuando hablo de lo que nos mueve me quiero centrar más en aquello, más allá de nuestras funciones vitales, que de alguna forma tiene que ver con actos no reflejos y reiterados. Me refiero a los actos que son propios de lo que llamamos «nuestra conducta» o, lo que es lo mismo, de aquello que desarrollamos de forma decidida ya sea de forma consciente o incluso inconsciente. Tales conductas son resultado del funcionamiento de nuestros mecanismos internos reguladores del comportamiento, que son específicos de cada uno y que nos hacen diferentes en cuanto a personalidad y estilo de comportamiento.

Al referirme a acciones voluntarias me gustaría aclarar que incluyo en ellas aquellas que efectivamente decidimos y las que «creemos que decidimos» con cierta voluntariedad. Y hago esta precisión pues hoy la neurociencia avanzada cuestiona en gran medida la existencia de una verdadera voluntad. Los científicos explican cómo nuestros comportamientos están en todo momento condicionados por nuestra forma de «ser y estar» en cada instante y por los condicionantes del entorno o ambiente que hemos vivido en el pasado y los que vivimos en el momento de cada acción de nuestra vida, con la influencia de todo lo experimentado desde que estábamos en el útero de nuestra madre y hasta el momento presente. Biológica y neurológicamente hablando, la existencia de una verdadera y pura voluntariedad es muy cuestionable. Y si no existe verdadera capacidad de adoptar decisiones voluntariamente, nadie tiene ninguna responsabilidad como tampoco ningún mérito en relación con lo que hace o deja de hacer. La facultad de hacer o decidir algo el día de nuestro nacimiento viene preconcebida en nuestro cuerpo y evoluciona con la interacción de los estímulos de un tipo u otro del entorno.

El tema no es ni pacífico ni fácil de digerir. Y pensaremos muchos, como primera reacción, que menuda tontería, pues un bebé de un día es claro que no tiene ninguna capacidad de influir «voluntariamente» en su vida y entorno, y por tanto no puede tomar decisiones. Pero la misma reflexión puede hacerse en el segundo, tercero y décimo día. Pues un bebé de diez días se comportará necesariamente conforme lo determinen sus automatismos de comportamiento. Y ello dependerá de los mecanismos con los que ese bebé vino al mundo, complementados con su evolución, resultante de sumar a lo preexistente el impacto de la interacción con el mundo, consecuencia del azar en su vida y entorno.

Y quien vuelva a decir otra vez que menuda tontería, pues un bebé de diez días es claro que no tiene tampoco ninguna capacidad verdaderamente propia y voluntaria para condicionar sus actos, de nuevo habrá que darle la razón. Pero de nuevo el mismo fenómeno se producirá después del vigésimo día, del trigésimo, del día 100 o del día 1000 o 10.000 en el transcurso de nuestras vidas. En cada uno de tales días no podemos negar que todo acto ha sido consecuencia de nuestra forma de ser prexistente, de estar programados, de estar desarrollados hasta el instante anterior, a lo que se suma la interacción, influencia y condiciones del entorno en el momento presente. Como corrección a esa afirmación tan dura y determinista algunos devuelven a la voluntad el mando sobre nuestra conducta (o el libre albedrío) atribuyendo a las personas la facultad de interrumpir y evitar en un último instante las acciones que nuestros procesamientos menos conscientes y sujetos a predeterminación han adoptado. Es en realidad una facultad de frenar o impedir voluntariamente lo que de manera predeterminada alguien o algo dentro de nosotros ha decidido.

No obstante las disquisiciones anteriores, quiero aclarar que a efectos de este libro me referiré a «lo voluntario» como aquello que vulgarmente entendemos por voluntario, e incluiré por tanto en ello aquello que «creemos que es voluntario», por más que la ciencia discuta si verdaderamente lo es o no. De alguna forma personalmente necesito creer en la existencia de lo voluntario. Y necesito creer en ello por más que la ciencia diga que «lo voluntario» es una mera ilusión. Aunque suene contradictorio, combino y compatibilizo mi confianza y adhesión a la teoría científica sobre la no existencia de una verdadera y libre voluntad individual que no se encuentre predeterminada con mi creencia en la existencia de la voluntad y el mérito con soporte en una dimensión espiritual. Necesito y tengo tendencia siempre a dejar espacio para la duda ante lo desconocido sabiendo que a menudo ignoramos lo que ignoramos como ignoraban los bosquimanos del Kalhari que la radio funciona porque existen potentes repetidores en lejanas ciudades. Sin este espacio de misterio para dar sentido a las cosas y depositar en él mis incógnitas sin resolver no podría vivir.

No es una sola cosa lo que nos mueve en nuestro día a día. Sin duda estamos sujetos a fuerzas y motivaciones variadas que confluyen y que muchas veces son contradictorias. Existen distintas variables en nuestro juicio de lo que es bueno para nosotros y, aunque no existe, buscamos una fórmula que lo determine con rigor o claridad. Desde luego, tenemos que sobrevivir cada día, y ello está claramente entre nuestros objetivos, pero ¿debemos de preocuparnos hoy de cómo viviremos dentro de treinta años y moldear nuestras actuaciones para tener entonces una vida mejor? ¿Debo renunciar a ciertas actividades o placeres que me atraen porque revisten cierto peligro para mi supervivencia ahora o en el largo plazo? ¿Y todo ello en qué medida?

En este capítulo trataremos de entender cuál es el juego de fuerzas que orientan nuestras actividades y cuáles son nuestros mecanismos para canalizarlas, pero sin pretender abordar cómo deben gestionarse, administrarse y equilibrarse dichas fuerzas. Serán los últimos capítulos de este libro los que tratarán precisamente de las cuestiones relativas a la forma de gestionar y equilibrar esas fuerzas, tratando de concluir quién dentro de nosotros debe administrar los deseos o preferencias de los distintos «yoes» que tenemos o somos para determinar un comportamiento u otro.

LOS INSTINTOS, CUESTIÓN DE SUPERVIVENCIA

Cuando no entendamos por qué alguien hace algo, tratemos de buscar su conexión con nuestro instinto más básico de supervivencia y mantenimiento de nuestra especie concebido de forma amplia. Seguramente ese instinto, a través de múltiples y particulares estrategias de actuación, podrá darnos claves para su comprensión.

Sin duda somos seres que hemos sido creados para vivir. Nacemos configurados para sobrevivir, programados con la función de supervivencia. La orden interna de vigilar que nuestras actuaciones nos permitan seguir viviendo es indudablemente la instrucción de mayor peso para orientar nuestras actuaciones. Llamamos «instinto de supervivencia» a esa programación genética con la que todos nacemos.

De una u otra forma, nuestra programación para la supervivencia condiciona todas o casi todas las actuaciones de nuestra vida y trabaja sin descanso buscando caminos que nos llevan a alargar nuestra existencia en la Tierra. Podría ser comparable a un navegador de Google Maps en el que el destino está abierto pero siempre condicionado a mantener una mínima distancia con un punto del mapa móvil al que se denomina «la muerte», como si estuviéramos aplicando una orden de alejamiento con ese punto móvil. Ese navegador en forma de instinto de supervivencia nos permite deambular por el mapa pero nos da un aviso cada vez que nos salimos de la ruta adecuada y perdemos la distancia mínima de alejamiento, poniéndose insistentemente pesado cuando persistimos en coger el camino equivocado que nos acerca más de la cuenta al punto no deseado que es la muerte.

Como un ordenador con su programación, nuestras vidas están sometidas a la instrucción y el mandato biológico de vivir, y todo aquello que nuestra sabiduría espontánea de vida (instinto) nos dice que es malo de algún modo nos genera dolor o sufrimiento en forma de desasosiego, mala conciencia, temor etc. Con carácter general aquello que deseamos y lo que rechazamos, a través de nuestro sistema de sentimientos y emociones, del dolor y del placer, se encuentra al servicio de ese objetivo de supervivencia. No vivimos con consciencia de ello ni de las relaciones que existen entre esas fuerzas del deseo o del dolor, el asco etc. y nuestra supervivencia. Pero son dichos mecanismos los que moldean nuestras acciones y preferencias y suponen una magnífica vía de auto-protección a medio y largo plazo.

Al igual que les ocurre a los ordenadores o a los programas en ellos instalados, en ocasiones «petamos o nos colgamos» y dejamos de funcionar y comportarnos al servicio de nuestra supervivencia. Parece que queda desactivada esa función instintiva de auto-protección. Son actuaciones en las que podemos incurrir fruto de distorsiones en el funcionamiento de nuestro sistema emocional, de enajenaciones mentales naturales, del consumo de drogas o de un desequilibrio en el uso de los mecanismos de dolor y placer que nos lleven a abusos de un tipo u otro en nuestras conductas.

Pero quitando esas excepciones, resulta maravillosa la espontánea inteligencia combinada con la que venimos programados de serie para sincronizar nuestras actividades internas y externas al servicio de mantener con vida nuestro cuerpo, no solo en el corto plazo sino también en el largo. La ciencia continúa mejorando la comprensión de la increíble interrelación de unos y otros órganos, y de unas y otras funciones y procesos mentales, racionales, emocionales, sentimentales. Todos ellos se encuentran maravillosamente integrados e interactúan entre sí al servicio de un propósito: continuar viviendo y con «buena vida» para mantener la fortaleza.

Pero siguiendo con el símil de los ordenadores, no solo es la vida del propio usuario la que nuestra programación trata de proteger. Además de ese instinto de supervivencia, venimos también programados con el instinto de conservación de nuestra especie. En virtud de este instinto, nuestra programación nos lleva a buscar la descendencia y a protegerla para que pueda a su vez sobrevivir. Ello tiene su manifestación en el atractivo sexual para activar la procreación y en los instintos maternales y paternales que nos llevan a cuidar de nuestros hijos e incluso a dar la vida por ellos.

Cabe interpretar incluso que el instinto de supervivencia individual es una consecuencia de este instinto principal de conservación de la especie, sin duda de ámbito mayor. Pues sobrevivir individualmente, al menos durante una etapa hasta la total crianza de los hijos, parece la mejor contribución para la conservación de la especie.

Considero que ambos instintos no se mueven en un plano de superioridad de uno respecto al otro, sino en el de una perfecta integración de los mismos al servicio de nuestra naturaleza más puramente animal. Basta para ello observar cómo la fuerza de cada una de las motivaciones a las que nos llevan los instintos evoluciona a lo largo de la propia vida. Así, pasamos del egoísmo infantil en las primeras etapas de la vida a la entrega y el sacrificio de los padres para la educación y protección de los hijos en unas etapas posteriores. También se observa, al margen de la crianza y protección de la descendencia, una mayor inclinación o sensibilidad «conservadora social» en etapas más maduras de la vida una vez nos hemos «ganado la vida» a nivel individual. Este cambio se sincroniza también con la evolución de los valores de una persona a lo largo de una vida, como he comentado en el apartado de «Nuestro código moral».

Por otra parte, el instinto sexual y el de reproducción son realmente componentes del instinto mayor de mantenimiento de nuestra estirpe o especie. Y conectado con ello se observan en la naturaleza animal muchos comportamientos de rivalidad, de demostración de fortaleza, de señalamiento del territorio propio y de manifestación de signos de dominio para atraer al sexo contrario e imponerse frente a los competidores del mismo sexo. En el mundo humano y haciendo un paralelismo, se manifiesta en muchos de nuestros comportamientos sociales de búsqueda de estatus, dinero, respeto, poder etc. ¿No vemos a menudo como personas de nuestro entorno «marcan el territorio» en sus empresas o en la sociedad? En general, en la naturaleza los «machos» quieren resultar atractivos para las «hembras» y viceversa. Y en nuestra sofisticación social ello se traduce en múltiples códigos que guían nuestra conducta y comportamiento, aunque no sea aparente la conexión.

Por encontrarse muy asociado a los comportamientos en nuestras vidas, es importante mencionar la relevancia de nuestro sistema de dolor y de placer. Sin lugar a duda, al igual que el resto de los animales somos máquinas programadas para buscar el placer y para rehuir el dolor. Al margen de las evidencias científicas que sobre ello existen, tengo el pleno convencimiento de que como pauta general la búsqueda de aquello que nos produce placer, como la comida o el sexo, tiene una funcionalidad al servicio de nuestro instinto de supervivencia, para procurarnos el sustento biológico necesario para vivir y hacernos atractiva la actividad sexual imprescindible para la procreación. En sentido contrario el dolor nos ayuda a evitar aquellas prácticas dolorosas que resultan peligrosas para nuestro organismo, además de constituir una voz de alarma ante situaciones corporales que nos aconsejan el reposo y cuidado personal.

Ese comportamiento del dolor y del placer es fácilmente apreciable en lo que se refiere a la satisfacción de nuestras necesidades biológicas y la protección de nuestro físico. Pero el mecanismo de premio (placer) y castigo (dolor) para modular los comportamientos no resulta tan fácilmente apreciable cuando hablamos de dolor y placer (o bienestar) psicológicos. Sin embargo, hoy la neurociencia ha podido verificar que el funcionamiento de nuestro cerebro y la activación de las zonas asociadas al dolor físico ocurren igualmente cuando se trata de luchar por la satisfacción de lo que llamamos «necesidades psicológicas». Nuestro sistema interno de auto-atribución de premios y castigos incentiva los comportamientos que nos llevan a la satisfacción de nuestras necesidades e imparte castigos (en forma de dolor o desasosiego) a las conductas que nos alejan de la atención de nuestras necesidades sociales. Lo que llamamos «cargo de conciencia» es también una forma de dolor cuando hemos realizado conductas poco adecuadas para nuestra supervivencia a corto o largo plazo. Es una forma de castigo que desincentiva las malas conductas para evitar futuros cargos de conciencia. Por el contrario, cuando sentimos que hemos cumplido nuestro deber dedicando a ello esfuerzo, nos embarga un gozoso sentimiento de satisfacción por el «deber cumplido». Se trata, en este último caso, de uno de esos premios que nuestra maravillosa maquinaria de supervivencia nos procura para alentar las conductas deseables.

También relacionado con nuestro movimiento o nuestras acciones, quiero referirme a aquello que nos mueve a «no movernos». Me refiero a la resistencia al cambio. Se trata de una magnífica cualidad de nuestro funcionamiento y nuestro sistema de motivaciones, por la prudencia que implica al servicio de nuestra supervivencia. Como dice el dicho popular, «más vale lo malo conocido que lo bueno por conocer».

Nuestro cerebro está cómodo con lo conocido y le despierta miedo o incertidumbre adentrarse en territorios desconocidos. Además, afrontar lo nuevo o el cambio exige una mayor energía para lidiar con el aprendizaje necesario para desenvolverse en las nuevas situaciones. Es lo que se denomina el «coste del cambio», que es compatible con el impulso del hombre hacia lo nuevo, pues sin duda este impulso es también fuerte y permanente como expliqué al tratar el apartado llamado «Deambuleo mental». La contraposición de las fuerzas internas dirigidas a la búsqueda de la novedad y el cambio con las que nos retienen en nuestra llamada zona de confort provoca que los cambios y la evolución se produzcan, en general, dando pasos desde posiciones y habilidades dominadas hacia otras aledañas y novedosas. Ello nos permite reducir la incertidumbre de lo nuevo y hacer no traumático o menos traumático el cambio. A la vez nos dota de la positividad de vivir con satisfacción el aprendizaje y una evolución personal de superación y progreso.

Podría considerarse que esta resistencia al cambio en relación con la atracción por la novedad es también una manifestación más del sistema de motivaciones propio del mecanismo de sufrimiento/placer.

Como conclusión, podemos decir que los instintos son maravillosos, sofisticados y sutiles programas o «*software* genético» al servicio de la atención de nuestras necesidades. Unas necesidades más básicas y primitivas de tipo físico biológico y otras sociales más sofisticadas y propias de un ser humano social y evolucionado. Una misma programación genética (*software*) aplicada sobre unas mismas estructuras cerebrales (*hardware*) para la protección de un tipo u otro de necesidades, fisiológicas o sociales, y con estrategias de funcionamiento que sin duda están cargadas de complejidad.

LAS NECESIDADES, ¿QUÉ BUFANDA LLEVAS PUESTA?

Como es natural, la primera motivación asociada o consecuencia de nuestro instinto de supervivencia es asegurar la satisfacción de nuestras necesidades. Acabamos de ver como estamos dotados de mecanismos físicos y neurológicos que velan por su satisfacción incluso de forma inconsciente para nosotros. Y para entender lo que son las necesidades debemos buscar aquello que es imprescindible, o más o menos imprescindible o muy conveniente, para la consecución de los mandatos biológicos básicos con los que estamos programados en virtud de nuestros instintos. Es decir, aquello que se precisa o es de gran utilidad para mantenernos vivos y conservar a nuestra especie se convierte en una necesidad real o incluso percibida para nosotros.

Una primera categoría de necesidades son las llamadas fisiológicas o biológicas. Es decir, todo aquello que resulta imprescindible para poder sostener la energía y el movimiento que mantiene la actividad interna de nuestros órganos, nuestra vida. Estas necesidades se refieren a la nutrición, el oxígeno, la temperatura, la protección puramente física, etc. La carencia de alguna de ellas nos lleva a la muerte rápida o progresiva, y por ello resulta incontestable su calificación como verdaderas e indiscutibles «necesidades», como las tiene cualquier otro ser vivo. La simple amenaza a la satisfacción de tales necesidades dispara en nosotros reacciones y comportamientos, incluso violentos, dirigidos a su protección.

Pero la evolución del hombre a lo largo de la Historia y su conformación como ser social y cultural dan lugar al nacimiento de lo que se pueden llamar necesidades psicológicas o sociales. Podríamos decir qué estas son (como ocurre en el caso de las necesidades fisiológicas) aquello que el ser humano requiere, o siente que requiere, para el sostenimiento de su vida y la reducción del sufrimiento psicológico. Este sufrimiento podría suponer un enorme desgaste energético y el deterioro de la calidad de la sociedad en la medida que las carencias psicológicas o sociales se extiendan a muchos de sus miembros. Desde luego no se trata de necesidades cuya carencia nos produzca una muerte inmediata, pero resultan fácilmente apreciables en nuestros estados de ánimo, energía y actitud para vivir.

Existen diversas clasificaciones de lo que podemos llamar necesidades humanas. Más allá de las puramente fisiológicas, me gustaría mencionar las cinco necesidades que enuncia el psicólogo fundador del Neuro Leadership Institute David Rock en su modelo que denomina SCARF (bufanda en inglés), acrónimo formado con las iniciales de los términos *Status, Certainty, Autonomy, Relatedness* y *Fairness* con criterio nemotécnico:

- *Status* o estatus: necesidad social de tener importancia relativa respecto a los demás, respeto, estima y significado dentro de un grupo.
- *Certainty*, seguridad o certidumbre: necesidad de sentirnos seguros sabiendo que nuestro cerebro analiza patrones de forma constante y prefiere patrones familiares y conocidos. Evalúa lo conocido como seguro y lo desconocido como peligroso. Vencer las resistencias al cambio pasa por gestionar bien este dominio.
- *Autonomy* o autonomía: necesitamos percibir que poseemos cierto control sobre los acontecimientos, así como la posibilidad de tomar decisiones propias.
- *Relatedness*, encaje social o relacional y sentido de pertenencia: necesitamos las relaciones y pertenecer al grupo en el que nos sentimos seguros, para lo

cual analizamos constantemente si las personas de nuestro entorno son amigos o extraños.

- *Fairness* o justicia: necesitamos vivir en un entorno justo pues la sensación de la existencia de falta de equidad a nuestro alrededor desencadena respuestas negativas y provoca posturas defensivas.

Se tratan todas ellas, bajo una u otra categorización, de necesidades cuya falta de satisfacción supone un desgaste o fuente de infelicidad en nuestra vida y por tanto un debilitamiento de nuestra capacidad de luchar exitosamente por nuestra supervivencia. Quizá sería más propio referirse a un debilitamiento de nuestra supervivencia social, dado que la carencia de las mismas no acaba, directamente ni de forma inmediata, con nuestra vida (salvo en casos de suicidio, infartos o enfermedades derivadas de la ansiedad…). Pero prefiero mantener el término supervivencia sin más, pues el deterioro en la satisfacción de nuestras necesidades sociales nos debilita también física y anímicamente, detrae de nosotros mucha energía y a la larga contribuye a reducir la duración de nuestra vida y nuestra relevancia en la sociedad, con lo que eso puede implicar en la relevancia (o incluso supervivencia) de nuestra estirpe.

Si la falta de satisfacción de las necesidades fisiológicas nos produce la muerte física o biológica, la insatisfacción de las necesidades sociales nos puede llevar a la muerte social o a la exclusión. Ello supone la eliminación de toda relevancia en la sociedad, lo que significa la eliminación de cualquier influencia personal en la deriva o evolución social o en nuestro entorno. Asimismo, las carencias prolongadas provocarán a la larga la exclusión del grupo de los fuertes e influyentes, cuya descendencia nacerá y se criará seguramente en un entorno más propicio también para su supervivencia y relevancia social o poder. Haciendo un paralelismo, no estar socialmente bien alimentado o satisfecho se asemejará, de cara a la supervivencia, a la debilidad física por falta de satisfacción de las necesidades biológicas.

En general, las necesidades fisiológicas tienen asociado un mecanismo de alarma que nos avisa cuando la necesidad se encuentra insatisfecha o amenazada. Basta observar la sensación de hambre o de sed cuando nos falta comida o agua, o la angustia que sentimos cuando estamos en un lugar en el que falta el aire. Pero en el caso de las necesidades psicológicas o sociales las cosas no son tan claras. Es muy común que las personas afectadas por una falta de cariño, de reconocimiento, de «grupo de pertenencia» u otras carencias sociales, no sean conscientes de ello. A menudo sentimos no estar bien pero negamos nuestras carencias psicológicas y solo a través de procesos de crecimiento personal y autoconocimiento llegamos a descubrir cuáles son esas necesidades insatisfechas que nos hacen sufrir o nos restan felicidad. Resulta en este sentido muy elocuente la frase del famoso psiquiatra Carl Gustav Jung cuando dice: «*hasta que lo inconsciente no se haga consciente, el subconsciente seguirá dirigiendo tu vida y tú lo llamarás destino*». Y por alguna razón en nuestra sociedad, muy seca de cultura emocional y de sentimientos, solemos ser reticentes a aceptar que estamos necesitados de cariño, atención, reconocimiento etc. Parece que nos tenemos que hacer los duros y autosuficientes, como si aceptar que tenemos necesidades emocionales o que necesitamos que nos quieran fuera una debilidad.

Las necesidades psicológicas o sociales son facetas de nuestra existencia y experiencia de vida cuya satisfacción nos procura equilibrio, plenitud, autoestima, sentido de la existencia etc. Su carencia, por el contrario, nos produce desequilibrio, insatisfacción, frustración, desasosiego, depresión, tristeza, pasividad, exclusión... En definitiva, su satisfacción nos hace personas más fuertes emocionalmente, con mejor ánimo y en general mejor preparadas psicológicamente para afrontar el día a día de nuestra vida. Su carencia por el contrario nos debilita convirtiéndonos en personas «en peor forma» para la competición por la vida en la inevitable lucha por la supervivencia en la sociedad. Son carencias que nos hacen más débiles, como se hace más débil quien no tiene suficiente alimento para estar bien nutrido. Quizá mostrar esa debilidad en el pasado fuera algo negativo para nuestra protección y supervivencia, pero ¿sigue esta sociedad penalizando a quien se reconoce y muestra necesitado de cariño?

Por ello podría decirse que el funcionamiento en nosotros del mecanismo de las necesidades está claramente al servicio del instinto de supervivencia y conservación de nuestra especie, constituyendo un potente motor determinante de nuestros actos y movimientos. El instinto se hace operativo precisamente a través del mecanismo psicológico sensitivo por el que percibimos o sentimos tener una necesidad. Esa percepción es la que nos empuja a la acción para satisfacer nuestra necesidad, o al menos nos hace preguntarnos ¿qué nos está pasando? Se dice que «la gente mata» por la satisfacción de sus necesidades fisiológicas, pues hacemos cuanto está a nuestro alcance para acallar las llamadas internas que nos alertan de una carencia cuya falta de satisfacción nos lleva a la muerte. Basta observar a los animales en los que se dan las mismas pautas de actuación y se despierta la mayor agresividad ante, por ejemplo, la falta de alimento. Y la sociedad tiene esto tan asumido que en el Derecho Penal existe la eximente de responsabilidad para algunos delitos (por ejemplo, robar para comer) cuando se comenten en «estado de necesidad». La tolerancia de la sociedad ante el atropello de los demás puede observarse también por ejemplo cuando, ante la alarma de un incendio en un teatro, se produce una estampida que nos lleva a atropellarnos unos a otros sin la más mínima consideración.

Haciendo un símil, podría decirse que si el instinto es la programación que marca hacia dónde debe ir nuestro vehículo, las necesidades son las señales que nos dan las pautas concretas de lo que el vehículo requiere para seguir andando en cada momento alertado por nuestro sistema emocional cuando se le amenaza o se carece de algo de ello. Si en nuestro automóvil se encienden alarmas en forma de sonidos o pilotos visuales, mientras esos requerimientos como el nivel de aceite, gasolina, pastillas de frenos... no sean satisfechos en nuestro cuerpo-vehículo, las alertas también se nos muestran «a su manera». En los automóviles esos ruidos y señales no son molestos para el propio vehículo, pero en nuestro cuerpo sí lo son, haciéndonos la vida dolorosa o incómoda mientras no volvamos a tener satisfechas nuestras necesidades. Es de nuevo el juego interno de premios y castigos que guía nuestra acción y comportamiento hacia nuestra protección.

Cada persona tiene su cóctel de necesidades con mayor peso de unas u otras. A su vez todos tenemos soltura para satisfacer alguna de dichas necesidades pero mayores dificultades para satisfacer otras. Resulta imposible encontrar a dos personas con iguales matices y pesos de necesidades. Se trata en definitiva de las estrategias de supervivencia propias de cada uno que serán el resultado de la programación genética con la que venimos al mundo complementada con la interacción experimentada con el entorno desde nuestra concepción.

Estas necesidades dirigen y condicionan de forma definitiva nuestras actuaciones, pues constituyen la motivación última. No obstante, somos poco conscientes de esa fuerza movilizadora y tendemos a atribuir nuestros actos a motivos que realmente no son los que en última instancia nos mueven. ¿Cuántas veces vemos que una persona dice que le gusta algo cuando en realidad es otra cosa lo que realmente busca o está detrás de ese gusto? Observando con perspectiva muchos comportamientos en sociedad resulta evidente que en ocasiones el verdadero motivo de hacer algo no es hacerlo sino poder contarlo. Conseguimos así «ser alguien» en nuestro entorno social y trabajar nuestra necesidad de estatus, reconocimiento o pertenencia a un grupo. Lo mismo podría ocurrirle a quien se compra un Ferrari. ¿Es el coche en sí mismo lo que le gusta o más bien le gusta tener un Ferrari para despertar la atención de los demás y que le quieran? En definitiva, muchas veces nos gusta mucho más tener un Ferrari que el Ferrari en sí mismo. Y si nos planteamos por qué funciona tan bien el flujo de las modas para provocar actos de consumo, nos daremos cuenta de que la razón por la que nos gustan las cosas de moda no es tanto un gusto puro e intrínsecamente libre. Se trata más bien de un impulso interno inconsciente por el que tendemos a que nos guste aquello que nos hace ser similares y pertenecer al grupo de personas con el que «nos gusta» (necesitamos) estar identificados. Tenemos sin duda un sofisticadísimo y maravilloso sistema para ordenar nuestros gustos artificialmente al servicio de nuestros instintos y necesidades.

Nadie duda de que las cosas de moda «nos gustan» de verdad, pero lo que digo es que ese gusto está al servicio de la satisfacción de una necesidad social, que a su vez está al servicio del instinto de supervivencia. Por ello se trata de gustos secuestrados por una necesidad y son por tanto gustos menos puros y libres que los que se encuentran en el ámbito del «sentido» que enseguida trataré.

Hoy día vivimos en una sociedad cargada de necesidades psicológicas de nivel superficial pero que han generado en nosotros una larga lista de cosas de las que no podemos prescindir. Algunas se refieren a la comodidad, pues nos cuesta prescindir de todo aquello a lo que nos hemos acostumbrado. Pero otra larga lista de necesidades se relaciona con esa «necesidad de estar al día», de estar actualizados, de no ser menos, de poder contar cosas, de sentirnos alguien en la sociedad…

Siempre ha sido también una necesidad humana tener ciertas dosis de novedad. Probablemente esa necesidad es fruto de ese mecanismo ya analizado llamado deambuleo mental por el cual buscamos y cuestionamos permanentemente las cosas. Pero me atrevo a decir que hoy una gran parte de la sociedad es verdaderamente «adicta a la novedad». Esta necesidad de novedad y actualización aplica a multitud de ámbitos, habiéndose convertido en una de las necesidades sociales más marcadas de nuestro tiempo. Dentro de mi facilidad para especular, considero que esta necesidad de novedad, tan agudizada en nuestro tiempo, es una manifestación de la necesidad de estatus y/o encaje social o de «ser alguien» (*relatedness*), pues parece que «lo nuevo podemos contarlo», lo que contribuye a hacernos «interesantes» frente a nuestro entorno social.

El enorme desarrollo y la eficiente automatización de la producción y gestión de la información etc. hace que los procesos de producción de riqueza requieran cada vez de menor número de personas. Pero para mantener y sostener la actividad económica y humana (el empleo) la sociedad necesita incrementar la cantidad de consumo de novedades de un tipo y otro y generar así dinamismo. Por ello, y «como quien no quiere la cosa», en esa espontánea magia de la creación y el desarrollo de las facultades de supervivencia de la propia sociedad como grupo, esta ha secuestrado a los individuos sometiéndolos a esta creciente lista de necesidades apoyada por la adicción a lo nuevo. Esta adicción, bien encauzada y aprovechada por el mundo empresarial, permite generar mucha más actividad humana y sostener la maquinaria económica financiera del mundo, lo que contribuye a su vez a sostener la paz social. Efectivamente, en el funcionamiento actual de las fuerzas que mueven nuestra sociedad esta espiral se ha convertido en clave al mantener «entretenidas» a las personas en la actividad de ganarse la vida, a la vez que aplaca la ansiedad social de «más y más y más novedades» precisamente con un consumo generador de nuevas necesidades y por tanto de nuevas actividades. Pero ¿redunda todo esto en beneficio de los individuos o por el contrario la perversa maquinaria socioeconómica que entre todos hemos creado nos ha secuestrado?

Considero que dicha espiral es más un mecanismo de supervivencia social que de supervivencia individual, aunque debo decir (como lo trato en el libro *Rousseau no usa bitcoins*) que es una peligrosa supervivencia que tiene lugar a costa de llevar a todos los ciudadanos con la lengua fuera y a un ritmo trepidante de cambio y adaptación a lo nuevo. La utilización por las empresas (es decir, por lo que llamamos el «sistema») de los adictos a la novedad consigue imponer una excesiva velocidad de cambio a todos los ciudadanos. El individuo está cercano a convertirse en un esclavo de la sociedad, lo que puede poner en riesgo la «sostenibilidad emocional» del mundo.

Los científicos han dado pruebas de que colmadas nuestras necesidades básicas o biológicas, nuestro sistema neuronal se «mantiene ocupado» en procesar de forma similar los estímulos y respuestas ante el riesgo de verse cuestionada la satisfacción de nuestras necesidades sociales. Por ello, la capacidad movilizadora de las necesidades sociales es hoy enorme en una sociedad rica como la nuestra. Y a estos efectos debemos incluir tanto las necesidades reales como las necesidades percibidas o sentidas por los individuos. Pues siendo necesidades subjetivas, las percibidas son equivalentes a las reales al estar sujetas en su funcionamiento a iguales o similares procesos y activaciones cerebrales. En definitiva, ante lo que nuestra mente y nuestro cerebro consideran una necesidad, irremediablemente nuestras respuestas son las mismas que se dan ante la satisfacción o insatisfacción de necesidades biológicas más básicas.

Antes de cambiar de apartado, recordemos que muchas de estas necesidades no se manifiestan de forma explícita, pues actúan en la oscuridad de nuestra inconsciencia. Negamos incluso tener determinadas necesidades, pero nos encontramos sometidos a ellas. La necesidad de ser queridos raramente se identifica y reconoce abiertamente. Sin embargo son muchos los yates, coches deportivos o grandes palacios que se compran no tanto porque nos guste navegar, conducirlos o vivirlos, sino simplemente para que nos quieran.

EL SENTIDO, ENCUENTRA TU TREN

Sin duda, abordar con acierto y brevedad la explicación de lo que es el sentido es para mí uno de los grandes retos de este libro. La tarea exige, de forma especial, la integración de procesos mentales, intelectuales o racionales, por un lado, con sentimientos y sensaciones internas por otro. Esta integración nos permite «conceptualizar» la esencia del sentido a la vez que «notar o conectar» con nuestro interior para tocar, gozar y sentir esos «momentos nuestros de sentido».

Al igual que ocurre cuando se habla del amor, ninguna explicación puede describir suficientemente bien lo que es el sentido. Solo la experiencia vivida del amor o de una vida con sentido constituye un verdadero conocimiento de ello. Es de alguna forma una revelación que exige una integridad de conocimiento, es decir una combinación de conocimiento e información de la cabeza, del corazón y de nuestras entrañas, o lo que es lo mismo, un conocimiento a través de todo nuestro ser. Es una revelación que se produce a través de una toma de conciencia personal.

El sentido es una verdad pacífica, plena, bondadosa y encajada de nuestra vida. La vida con sentido es un discurrir al servicio de un destino-sueño que nos provoca una maravillosa vivencia de plenitud, libertad y aceptación. A la vez nos otorga una especial fuerza y energía para persistir en ese camino de sentido.

El sentido es una verdad subjetiva y personal no susceptible de ser probada. Somos nosotros mismos los que debemos actuar como nuestros propios notarios para certificar el alineamiento de nuestras vidas con nuestro sentido. Pero solo podremos cumplir esa función notarial desde un estado de quietud y paz interior que nos permita entendernos, comprendernos, notar, sentir y reconocer qué quiere y busca «la profundidad de nuestro ser».

El ser humano está configurado por millones de células que forman a su vez órganos, que a su vez crean sistemas cuya integración da lugar a lo que somos. Cada sistema, cada órgano como parte de un sistema, y cada célula como parte de un órgano, cumple una función específica dentro de la unidad más grande de la que es parte. A su vez, los seres humanos formamos parte de un «algo mayor» o, lo que es lo mismo, de un orden de mayor rango que en ocasiones desconocemos y no somos capaces siquiera de concebir desde las limitaciones humanas. Es un algo mayor , como podrían ser la sociedad u otras realidades poco descriptibles y pertenecientes más a nuestra dimensión espiritual. Y en ese orden en el que cada uno está llamado a cumplir una función, en esa imagen social, cósmica o trascendente de nuestra existencia, esa función es lo que constituye el sentido. Quienes consiguen orientar su vida al desarrollo de esa función vivirán con la paz que otorga el alineamiento con su sentido.

El sentido es un camino que es «nuestro camino». Es un camino que no elegimos o creamos sino que nos adherimos a él por identificar y vivir un sentimiento con la «impresión» de que hemos nacido para ese camino. Nuestra adhesión a nuestro sentido nos lleva a un «fluir» armónico y coherente a lo largo del camino, alejando las dudas o desasosiegos sobre el por qué y para qué de nuestra vida. La identificación de nuestro camino nos permite elegir montarnos en el tren de nuestro sentido. Elegimos montarnos y ser fieles al camino de ese tren, pero no tanto qué tren es el que nos conviene para dirigirnos a nuestro destino. Exagerando quizá podría decirse que cada persona tiene su tren, su sentido que es único y singular, pues se encuentra siempre cargado de los matices propios de la individualidad de cada uno. Y la diferencia entre quienes viven una vida con sentido y quienes no lo hacen se debe precisamente a la dificultad de muchos para identificar su tren, para encontrar su camino o forma de dar sentido a su vida. Otras personas, habiendo identificado su tren ofrecen resistencia a adherirse a ese camino al no poder auto-liberarse de condicionamientos sociales y apegos. Ello les impide un discurrir por una vida más acorde con su auténtica naturaleza, esencia e individualidad.

Por ello, la clave del sentido está en encontrarlo. Todos podemos encontrarlo en una búsqueda interior que exige libertad interior para un auto-diálogo sin ataduras y la liberación de los tabúes, prejuicios y condicionamientos sociales y educativos. Solo desde esa libertad y con valentía podemos encontrar nuestro sentido y tras ello montarnos en él.

Vivir en nuestro sentido nos hace únicos. No hay dos caminos iguales porque nunca existen dos personas iguales. Vivir de verdad con sentido nos hace auténticos y únicos como personas, nos hace ser quienes realmente somos cuando vivimos de verdad con libertad interior. Nos permite sentirnos dueños de nuestra decisión de caminar por el camino y con el propósito que dan sentido a nuestra vida. Vivimos así, montados en una forma de ser y discurrir por la vida con la que estamos a gusto, sin reproche alguno de ninguna parte o centro de nuestro cuerpo. Cabeza, corazón, sentimientos, vísceras o entrañas, todos están contentos y encajados con esa forma de ser y todos la comparten como la mejor forma de ser y estar en el mundo.

El sentido debe necesariamente ser ecológico para obtener la plenitud de vivir de verdad siendo quienes profundamente somos. Es decir, debe estar adherido a nuestras necesidades físicas y psicológicas, a nuestras responsabilidades y a nuestras posibilidades, de forma que nuestra vivencia de un camino con sentido no genere, en nosotros o en nuestro entorno, mayor dolor, sufrimiento o trauma, ya sea físico o emocional, más allá del que estamos dispuestos a aceptar para no condicionar nuestra felicidad. Por ello el verdadero sentido exige una capacidad y una actitud de acoplamiento a nuestra realidad y posibilidades acorde con nuestros valores y compromisos arraigados en nuestro interior frente a nuestro entorno de personas. Pues difícilmente será ecológica la opción de un padre de cinco hijos pequeños si decide que su vida solo tiene sentido siendo voluntario permanente en África y abandonando para ello a su familia. Casar nuestro sentido con nuestra realidad es clave para evitar un camino lleno de indeseadas y dolorosas fricciones. Pero todos tenemos formas de caminar hacia nuestro sentido desde las limitaciones que nuestra realidad, momento y entorno vitales suponen para nosotros. Caminar hacia una vida con sentido, aun cuando no lleguemos de momento a la meta, es de hecho ya vivir en un recorrido lleno de sentido.

La búsqueda de sentido es un factor muy determinante de nuestras acciones y de su dirección. Muchas veces es un movimiento en forma de inquietudes y desasosiegos ante la falta de alineamiento de nuestra vida con el sentido. Son los casos de falta de sentido en nuestras vidas. Pero, aun así, la búsqueda de sentido y acoplamiento es determinante de muchas de nuestras actividades e inclinaciones. Sin duda nadie o casi nadie sentimos de forma permanente vivir una vida con pleno sentido. Pero, probablemente de forma más o menos consciente, todos dedicamos gran parte de nuestra energía a la búsqueda de ese sentido y a mantenernos en línea con él cuando sentimos haberlo encontrado.

Y cuando estamos adheridos a una vida con sentido, este determina qué acciones desarrollamos y cuáles rechazamos por no encontrarse alineadas con él. El sentido nos guía de forma inconsciente, eliminando o reduciendo muy significativamente la duda permanente y el auto-cuestionamiento de nuestras actuaciones. De alguna forma encarrila felizmente nuestros actos evitándonos muchas distracciones perturbadoras.

La experiencia de vivir con sentido es maravillosa. Es tan maravillosa que muchas personas renuncian a casi todo solo para vivir con sentido. No hay mayor riqueza que la vida con sentido. Es en el sentido donde colmamos la satisfacción de nuestras necesidades sociales y psicológicas pues de alguna manera el nivel perfecto de las distintas necesidades sociales se ve plenamente cubierto cuando vivimos una vida llena de sentido. Nuestros niveles de necesidades se ven significativamente reducidos y compensados con el valor de una vida con sentido.

La vida con sentido nos exige una cierta y positiva inquietud de velar por alcanzar las metas que nos vamos fijando en dirección a alcanzar nuestro propósito en el mundo. Pero toda esa auto-exigencia se nos devuelve en forma de la paz y la plenitud que proporciona una vida sabiendo que hacemos lo que «tenemos y queremos» hacer, es decir, aquello para lo que precisamente estamos en el mundo. Contribuimos así a algo que nos trasciende y que es más grande que nosotros. El albañil que pone ladrillos sin sentido para levantar una pared vivirá con menor plenitud y felicidad que su compañero que, aunque también está poniendo ladrillos, lo que siente estar haciendo es construir una catedral. Física y objetivamente los dos hacen lo mismo pues ambos colocan ladrillos uno encima de otro levantando una pared. Pero mientras uno de ellos ve y vive la actividad como aburrida, tediosa y sin más sentido que el salario que obtendrá, el otro se siente satisfecho, ilusionado y vive el trabajo con el sentimiento y la proyección de estar realmente participando en la construcción de una catedral, con el sano orgullo que ello produce.

El sentido es aquello que nos permitirá en el lecho de muerte no sentirnos arrepentidos por la vida que hemos llevado. Y aunque nadie o casi nadie cruza la puerta de salida de la vida con alegría, el sentido nos permitirá hacerlo con la paz y la tranquilidad interior de quien siente haber hecho aquello para lo que estaba en la vida.

El sentido es una puerta de entrada al universo de la espiritualidad humana. Nos permite conectarnos con nuestra dimensión más trascendente y aquieta el mecanismo del deambuleo mental que ya hemos tratado y que nos mantiene en permanente actividad mental, inquietándonos cuando nuestra cabeza no está dedicada a otras actividades. Cruzar esa puerta espiritual hacia la búsqueda de sentido nos permite alcanzar experiencias cumbre de satisfacción. Nos da acceso a un amplio «cielo» aquí en la Tierra lleno de frescura donde podemos y queremos movernos sin ninguna sensación de limitación. Vivir plenos de sentido es vivir como en un cielo en la Tierra en el que nada necesitamos porque nada nos falta, pues nada queremos que no tengamos. Desde la paz interna, esa dimensión de misterio nos permite conectarnos, como flotando en ese cielo, con una vida que solo tiene presente y desde la que todo se comprende con una especial luz de sabiduría.

El tiempo en una vida con sentido fluye sin cuestionamientos, con pocas distracciones. Las personas que viven caminando por la senda de su sentido tienen una especial lucidez para tomar decisiones y elegir entre sus alternativas, a la vez que sienten gozar de una amplia autonomía para moverse dentro de los márgenes de un camino que no quieren abandonar. Las necesidades de seguridad se ven reducidas, pues las vidas con sentido se viven mucho más en el presente y menos en la torturante previsión y anticipación futura de posibles malos escenarios y contingencias. Y las necesidades de relación se satisfacen con facilidad pues desde la autenticidad de una vida con sentido no es difícil compartir el sentido con otras personas con vidas también con sentido.

Por todo ello, ya sea por mantenernos en nuestra senda de sentido, o por vivir en una permanente búsqueda de él sin encontrarlo, la existencia y la necesidad de sentido en el ser humano es un factor muy determinante de nuestro comportamiento, de nuestras acciones y seguramente también del moldeado de nuestras emociones y sentimientos.

Tengo el convencimiento de que el sentido se encuentra también al servicio de los instintos individuales y sociales de supervivencia. Creo que nada habría más seguro para la feliz supervivencia de la sociedad y la de todos sus integrantes que el hecho de que todos viviéramos vidas con sentido, cada uno su vida con su propio sentido. Y desde mi confianza en la perfección de la naturaleza, también estoy convencido de que los «sentidos y propósitos» de unos y otros se acoplarían e integrarían entre ellos dando lugar a un perfecto equilibrio lleno de vidas «fluidas» y sufrimientos muy atenuados. Unos mandarían porque les gusta mandar y eso les da sentido, otros se dejarían mandar porque han nacido para ello. Unos crearían y otros ejecutarían las ideas creadas por otros, unos cuidarían a los demás y otros serían impulsadores de la actividad para que el mundo no se pare. Unos nacerían para entretener a los demás y otros para dejarse entretener, como unos nacerían para pensar y otros para actuar... Esa es al menos la utopía con la que yo sueño, por la que lucho y que me da sentido.

CAPÍTULO 3. LOS MECANISMOS PARA MOVERNOS

*La voz del inconsciente es sutil,
pero no descansa hasta ser oída.*
SIGMUND FREUD

NUESTRA BRÚJULA INTERNA

He tratado de resumir en el capítulo anterior aquello que hace que el ser humano tome una dirección u otra en sus actuaciones. Son los mecanismos que nos hacen elegir ir hacia el norte, el sur, el este o el oeste. Nos marcan una dirección con un objetivo siempre presente que no es sino el de sobrevivir y conservar nuestra especie. De alguna forma hemos expuesto que los instintos constituyen el motor más fuerte y primario que marca nuestra dirección y se sirve del placer y el dolor, de la percepción y el sentimiento de nuestras «necesidades», cuya búsqueda de satisfacción nos lleva a la acción, y a la permanente búsqueda humana de sentido, que de alguna forma condiciona o pone matices a la dirección en la que discurrimos.

En un nivel más operativo, pero indudablemente al servicio del cometido perseguido por nuestros instintos, se encuentran las emociones, los sentimientos, la memoria con sus creencias y valores asociados, y por último la razón. Podríamos decir de todos ellos que son herramientas útiles de las que se sirven los instintos para determinar, en cada momento y operativamente, nuestro comportamiento y nuestras decisiones tratando de acertar lo más posible para mantener nuestra satisfactoria supervivencia.

Resulta difícil establecer fronteras y delimitaciones entre unos y otros conceptos como ocurre con las emociones y los sentimientos. Y ello por dos motivos. En primer lugar, porque el uso de uno y otro término, al menos coloquialmente, no tiene precisión, a pesar de ser términos de uso muy extendido y habitual. En segundo lugar, porque cada vez más la ciencia está mostrando la interrelación de unas y otras funciones vitales y cerebrales. Las emociones condicionan nuestro actuar y nuestros pensamientos, y los sentimientos influyen igualmente en nuestro sistema emocional y en la creación de unos u otros pensamientos. Además, según la ciencia avanzada, hoy tenemos que hablar de multi-localización de la actividad mental en cada uno de los fenómenos o mecanismos asociados a los sentimientos, las emociones o la razón. Es decir, no es una parte identificada y delimitada la que realiza por ejemplo la función de razonar, sino que por el contrario, en esa función intervienen distintas áreas de nuestro cerebro (y quizá también de otras partes de nuestro cuerpo) con procesos de interacción e intercambio de información muy importantes e imprescindibles para realizar su cometido de forma funcional. En la actualidad se habla también de redes funcionales en las que una región del cerebro aporta parte del procesamiento a las otras áreas con las que colabora. Hoy ya no se entiende la función de una región cerebral de forma aislada.

EL INCONSCIENTE, LA MÁQUINA DE APRENDER

Los sentimientos, las emociones, los valores y las creencias navegan por las mezcladas aguas del mundo consciente y del inconsciente.

Todos tenemos en general mucho rechazo a hablar de nuestro inconsciente. Quizá nos produzca miedo descubrir en él cosas que no nos gustan de nosotros mismos o detectar puntos de contradicción o vergüenza interna. Puede también deberse a la dificultad de aceptar que no somos tan dueños de nuestros actos y, en definitiva, que no tenemos tanto poder sobre nosotros mismos como creíamos. Pero, por más que nos cueste aceptarlo, la realidad es que una abrumadora mayoría de nuestras acciones y decisiones las decidimos, las ponemos en marcha o las ejecutamos de forma inconsciente. La neurociencia avanzada es unánime en este aspecto.

Es común asignar connotaciones negativas a la palabra inconsciente y quizá también por ello nos neguemos a aceptar que sea nuestro inconsciente quien nos gobierne, pues a ninguno nos gusta que nos digan que «somos unos inconscientes». Pero la realidad es que somos mucho más inconscientes que conscientes. Pero que nadie se tome esto como una ofensa sino todo lo contrario.

El inconsciente es un maravilloso mecanismo de eficiencia para determinar y poner en marcha miles de acciones y micro-acciones en milésimas de segundos, sin nosotros dedicar un gramo de energía a ello. El inconsciente es como una máquina cargada de información y experiencias cuya capacidad y velocidad de procesamiento de la información es infinitamente superior a la que se logra en los procesos conscientes. Las longitudes de onda de los procesos inconscientes son distintas y permiten velocidades y capacidades de procesamiento cruzado de información que no pueden alcanzarse en los procesos conscientes.

Quienes estamos acostumbrados al uso de escaleras mecánicas o cintas transportadoras de personas como las de los aeropuertos podemos constatar como, tras la superación del periodo de novedad, nuestro cuerpo realiza espontáneamente los ajustes de nuestros músculos y de nuestra postura para evitar tambalearnos y perder el equilibrio al acceder a ellas. Nada «necesitamos hacer» para no caernos al entrar pues el cuerpo «ha aprendido» y es él el que, de forma inconsciente, realiza lo que hay que hacer para acoplarse al cambio de velocidad del suelo por el que caminamos al entrar en uno de esos mecanismos transportadores. El inconsciente ha aprendido y nos maneja sin esfuerzo alguno (al menos esfuerzo consciente) por nuestra parte. Podemos decir que «nosotros no tenemos que hacer nada». Nos movemos pilotados por la llamada «memoria de procedimiento» que contiene información a la que no somos capaces de llegar de forma consciente.

De alguna forma el inconsciente es una máquina de aprender y establecer patrones de respuesta ante situaciones iguales o similares, siendo capaz de meter en la ecuación, para procesar esos patrones, una cantidad ingente de elementos de información con todos sus matices. Y con todo ello determina y pone en marcha nuestras actuaciones en cada momento, antes de cualquier proceso reflexivo consciente por nuestra parte.

Una forma de constatar que esta respuesta es conforme a patrones aprendidos es observar lo que ocurre cuando nos montamos en una de esas escaleras mecánicas o cintas transportadoras que se encuentran paradas. Quien haya tenido oportunidad de comprobarlo podrá dar fe de que con las escaleras o la cinta paradas es cuando el cuerpo trastabilla al entrar en ellas, pues nuestro comportamiento espontáneo se ha adaptado a un esperado cambio de velocidad del suelo que no se produce cuando el aparato no se encuentra funcionando.

Pero son muchas las manifestaciones de la extraordinaria capacidad de nuestro inconsciente para efectuar cálculos y dirigir nuestros comportamientos. Gerd Gigerenzer, en su libro *Decisiones instintivas,* describe la complejidad de cálculos que espontánea e inconscientemente realizamos cuando alguien nos lanza una pelota y tenemos que cogerla al vuelo. Combinamos magistralmente aspectos relacionados con la cinética, la gravedad, los vectores, la física para lograr calcular hacia dónde correr, a qué velocidad y cómo exactamente colocar nuestras manos para conseguir enganchar la bola al vuelo. ¿Puede alguien imaginarse la complejidad de los cálculos matemáticos y el conocimiento de física necesarios para poder determinar el lugar de caída de la bola a la vista de la fuerza y el ángulo de lanzamiento, la masa y el rozamiento...? Pues nuestra cabeza es capaz de calcularlo «como si nada».

Dejando el campo operativo del movimiento de nuestro cuerpo y entrando en el terreno económico, el psicólogo Daniel Kahneman recibió en el año 2002 el premio Nobel de Economía precisamente por su teoría enmarcada en la llamada Economía Conductual. Dicha teoría explica como nuestras decisiones en el campo económico se adoptan fundamentalmente de forma inconsciente. Según Kahneman, en contra de la creencia generalizada que nos lleva a pensar que las decisiones económicas son consecuencia de un proceso reflexionado y consciente («pensamiento lento»), sus estudios nos muestran que, por el contrario, las decisiones y preferencias son determinadas con procesos inconscientes que él denomina «pensamiento rápido». De ahí el título de su famoso libro *Pensar rápido, pensar despacio.*

Y, en el plano general de nuestras vidas, David Eagleman, con igual contundencia que Carl Gustav Jung, afirma *«que casi todo lo que pensamos, hacemos y sentimos no está bajo nuestro control consciente»* llegando incluso a afirmar que *«la gente no dice lo que piensa porque no sabe lo que piensa».*

Y no ha hecho falta esperar a los hallazgos de la ciencia moderna pues desde muy antiguo se habla de *«acciones que no proceden de la reflexión»* (Santo Tomás de Aquino) sino de una combinación de partes accesibles e inaccesibles.

Volviendo a un terreno más mundano y a pesar de esa posible mala prensa o connotaciones negativas del término «inconsciente», me gustaría destacar su extraordinaria importancia y cambiar cualquier mala percepción. Y para ello es importante aclarar que en absoluto esos procesos inconscientes mencionados carecen de lógica o inteligencia. Todo lo contrario; como se puede observar en el ejemplo de las escaleras mecánicas y las cintas transportadoras, existe una inteligencia inconsciente que es fruto del aprendizaje basado en la experiencia y que de forma admirable ajusta nuestro comportamiento automáticamente. Es lo que coloquialmente llamamos «comportamientos aprendidos», que nos salvan la vida permanentemente, dándonos eficacia, sin desgaste de energía en reflexión, para la ejecución de miles de tareas diarias. Solo cuando la escalera está parada se produce una «trampa para el patrón aprendido» y nuestro inconsciente se confunde por no haber sido previsible y esperable que la cinta no estuviera en funcionamiento.

Ese gobierno inconsciente de nuestras actuaciones es fácilmente apreciable cada vez que metemos una marcha, le damos al intermitente o frenamos mientras conducimos nuestro coche. Nada decidimos de forma consciente. Y, como estos, cientos y miles de actuaciones que ejecutamos o decisiones que adoptamos a cada rato en nuestra vida.

Para continuar con el ensalzamiento de la importancia del valor del inconsciente y sacarlo de su estigma negativo me quiero referir muy brevemente a las «corazonadas». Más allá de la referencia popular a las mismas, estas, como parte de los procesos intuitivos de los que disfrutamos, han sido estudiadas por la ciencia apoyándose en experimentos empíricos que acreditan, con apoyo en la estadística, el enorme valor y potencia de la intuición y las corazonadas. Algunos estudios afirman que en juicios y valoraciones en los que es necesaria la combinación de múltiples factores de forma simultánea, las decisiones basadas en corazonadas o adoptadas de forma inconsciente resultan en general más acertadas que las adoptadas de forma muy consciente y razonada. Parece que dejándonos llevar por nuestras inclinaciones inconscientes adoptamos mejores decisiones, si bien ello no impide la revisión y valoración consciente de factores positivos y negativos afectados por una u otra decisión, o una reflexión consciente como último filtro para esas decisiones de nuestra intuición.

A través de las corazonadas o de la intuición somos capaces de apreciar rasgos o estímulos en nuestro entorno y acceder a información interna que no podemos identificar de forma consciente, ni siquiera si se nos ofrece todo el tiempo del mundo para ello. Mariano Sigman, en su libro *La vida secreta de la mente,* nos narra cómo nuestras decisiones se nutren de claves o corazonadas inconscientes. Describe el experimento realizado con dos mazos de naipes aparentemente iguales. En el experimento se informa a los participantes de que, aunque no les resulte apreciable, existe alguna diferencia física entre las cartas de uno y otro mazo, no existiendo diferencias entre las pertenecientes a un mismo lote. Tras ello y tras mezclar las cartas de ambos lotes y barajarlas se pide a los participantes que separen las cartas de nuevo en dos lotes según algún criterio por el que puedan estimar que deben ir a un lote o al otro.

Pues bien, el desarrollo del experimento muestra como los participantes inicialmente separan las cartas en dos montones sin que estadísticamente se aprecie ninguna muestra de acierto en la agregación de los dos tipos de cartas en sendos montones. Pero, aún sin habérsele desvelado ninguna clave, a medida que la misma persona va repitiendo el experimento se va produciendo un aprendizaje por el cual se incrementan los aciertos a la hora de poner juntas las cartas de cada categoría. Y aunque la diferencia en los resultados es apreciable, preguntados y repreguntados los participantes en el experimento por aquello que los lleva a colocar cada carta en un montón u otro, ninguno es capaz de identificar acertadamente las diferencias físicas qué hacen que cada carta pertenezca a uno u otro lote. Ello nos permite concluir que nuestro inconsciente tiene facultades que no somos capaces de ejercitar por la vía consciente.

Por ello, lejos de despreciar el valor de las corazonadas y de la intuición como procesos no controlables de forma consciente, debemos conocer nuestras capacidades y aceptarlas y optimizar su uso de forma integrada con otras facultades y competencias conscientes. En defensa del valor de nuestro inconsciente me gusta leer la frase del mismísimo Einstein (poco reprochable de ser superficial, ligero o de hablar sin tener los pies en el suelo) cuando dice que *«hay un chispazo en la conciencia, llámese intuición o como se quiera, sin que uno sepa cómo o por qué. La mente intuitiva es un regalo sagrado y la mente racional un leal siervo. Pero nuestra sociedad honra al siervo y se olvida por completo del regalo».*

Sin necesidad de estudios científicos de última generación ni de referencias a prestigiosos personajes o científicos del pasado, basta con observar como las personas somos capaces de detectar que alguien está contento o enfadado o notar si el ambiente es tenso o relajado en una reunión. Nuestros mecanismos inconscientes de funcionamiento nos mantienen informados en tiempo real sobre tales aspectos, dándonos un servicio al que no dedicamos esfuerzo pero que nos resulta de gran utilidad para modular nuestra forma de actuación y relación con las personas del entorno. Y, en general, en esas circunstancias no somos capaces (o al menos resulta muy difícil) identificar y describir cuáles son los rasgos, comportamientos o factores físicamente observables que nos permiten detectar y concluir acerca de la existencia de esos estados de ánimo. Sin embargo, de forma espontánea y sin intervención de procesos conscientes tenemos indudablemente unas capacidades que están relacionadas con nuestra interpretación de los estados de ánimo de otras personas. La dificultad o imposibilidad de observar y procesar estos rasgos de forma racional y consciente provoca que muchas veces solo el lenguaje poético sea capaz de hablar de ello con giros como *«tiene la cara con chispa, con luz...»*.

Por todo ello la incorporación de toda esa información y procesos inconscientes resulta crucial para nuestro desenvolvimiento por la vida. El grado de armonía e inteligencia de relación entre nuestros mundos consciente e inconsciente determinará la mayor o menor eficacia de nuestro comportamiento y nuestra forma de discurrir por la vida. El autismo es una buena muestra de lo que ocurre cuando se pierden estas facultades inconscientes o una adecuada interacción de ellas con los procesos conscientes.

Hablaremos a continuación de las emociones, los sentimientos, la memoria, las creencias y los valores, además de la razón o pensamiento racional. De todos ellos, solo la razón la ponemos en marcha de forma consciente, pues los demás se crean y operan de forma inconsciente, muy en contra de nuestra extendida creencia de que controlamos nuestros comportamientos, creencias y el conocimiento de nuestras motivaciones.

Ese inconsciente es el que hace que, cuando se cruzan nuestros instintos de supervivencia en sentido contrario a nuestros valores y sentimientos, se produzca lo que Leonard Mlodinov (doctor en Física Teórica por Berkeley) explica como «sinceridad intencional pero de forma falsa». En un lenguaje más común se trata de esos casos en los que decimos que alguien «se cree sus mentiras». En tales circunstancias, sin ser conscientes de ello, construimos relatos justificadores de nuestra conducta que llegamos a creernos. Evidentemente, como en todo, hay grados en cuanto a la moderación o agresividad de dicha práctica.

Y son nuestras falsas creencias las que a menudo nos llevan a conflictos. Como afirma Steven Pinker, reconocido experto en neurociencia, *«el auto-engaño es la causa de todos los conflictos»*. Unos más que otros, pero todos construimos y nos creemos de alguna manera las mentiras que nos convienen. Y nuestro inconsciente juega siempre un papel protagonista en ello.

Tan poderoso es el timón de nuestro inconsciente que muchos científicos actuales cuestionan la existencia del libre albedrío. Expresión contundente de ello son las afirmaciones también de Mariano Sigman al expresar que *«casi toda la actividad mental es inconsciente. El inconsciente es el motor genuino de nuestras acciones. El consciente hereda y en cierta medida se hace cargo de estos chispazos del inconsciente. Si esto no le da al consciente la autoría genuina del accionar, al menos le asigna la capacidad de manipularlo y, finalmente, vetarlo. Esta tríada, un siglo después se ha vuelto tangible por medio de experimentos precisos que 'hackean', provocan y delimitan la noción de libre albedrío. Cuando elegimos algo, ¿había genuinamente otra opción todo estaba ya determinado en el cerebro y solo tuvimos la ilusión de ser protagonistas?»*

De acuerdo con esta tesis, cuando una persona toma efectivamente una decisión desconoce que en realidad una fracción de tiempo antes ya estaba tomada. Algunos experimentos con lectores de impulsos eléctricos y de la actividad del cerebro acreditan que antes de que el sujeto del experimento crea conscientemente que está tomando una decisión, los observadores del experimento ya conocen el sentido de la decisión a través de tales lectores de la actividad cerebral. En otras palabras, para esta corriente de ciencia o pensamiento parece como que nuestras vidas están gobernadas por un piloto automático con una programación predeterminada que responde en función de las cambiantes circunstancias, mientras el piloto-persona cree o tiene la ilusión de ser él quien dirige la nave, precisamente por la ilusión/confusión que le produce tener asignado el nombre de «piloto». Comparto esa visión determinista. Pero como ocurre con otras cuestiones relacionadas con mi existencia y mi concepción del mundo, desde una visión más trascendente y menos sometida a un fundamentalismo científico, no puedo creer en ese determinismo y mucho menos vivir pensando que «nada depende de mí».

Pero además de esa valiosísima lista de competencias y habilidades de las que disponemos y que se gestionan en nuestro interior de forma inconsciente como las corazonadas, los comportamientos aprendidos o los cálculos espontáneos, nuestro inconsciente esconde las claves para explicar muchas de nuestras conductas, motivaciones y preferencias. Estamos llenos de temores y necesidades, y ello condiciona a menudo nuestro actuar sin que seamos capaces de acceder a esa información de nuestro inconsciente. Este se muestra terco negándonos su conocimiento. Igualmente escondemos en nuestro acorazado inconsciente muchos deseos y amores que orientan de forma determinante nuestras preferencias en la vida y que sin embargo juegan de forma invisible en segundo plano pareciendo que son otras cuestiones las que nos motivan. En línea con algunos ejemplos ya comentados podríamos decir que muchos viajan mucho más para poder contarlo que porque verdaderamente les guste. O que compramos un incómodo coche deportivo principalmente para llamar la atención y que nos quieran, aunque creamos que la decisión la tomamos por su extraordinario diseño, la mecánica...

He dedicado una extensa explicación a nuestro universo interior inconsciente y su convivencia con el consciente pues es importante para comprender el funcionamiento de los mecanismos, emociones, sentimientos, razón etc. que seguidamente vamos a analizar. A menudo en la observación de nuestros comportamientos y motivaciones no solo no somos conscientes de ese mundo inconsciente, sino que tendemos a negar su presencia e influencia determinante. Comprender las cosas como son, sin renegar de ellas, nos permitirá bucear en ese territorio desconocido para encontrar información valiosa para nuestra vida y nuestra felicidad. Nos alumbrará también para comprender nuestros sufrimientos y para reorientar nuestras estrategias de comportamiento o de nuestra vida.

EMOCIÓN Y SENTIMIENTOS, EL ADEREZO DE LA RAZÓN

Las emociones y los sentimientos determinan y guían nuestro comportamiento en cada momento concreto. Si los instintos nos marcan la dirección en la que hay que ir y el propósito que debemos alcanzar (el de sobrevivir), las emociones y los sentimientos son determinantes para decirnos cómo vamos y orientar o determinar nuestros comportamientos y estados de ánimo de cada momento, en el presente, para ir paso a paso en la dirección (la de mantenernos siempre vivos) marcada por el instinto de supervivencia y conservación. De alguna forma son herramientas al servicio de nuestra vida y de la conservación de nuestra especie en sentido amplio.

No siempre es sencilla la distinción entre sentimientos y emociones pues tendemos a confundir ambos términos y a mezclarlos conceptualmente. Pero podemos decir, y así lo dice la Real Academia Española, que la emoción es una alteración del ánimo intensa y pasajera, agradable o penosa, que va acompañada de cierta conmoción somática. Ante estímulos internos o externos se dispara un determinado comportamiento físico-químico que podríamos denominar emoción. Antonio Damasio se refiere a ella diciendo que las emociones son estados físicos que surgen de la respuesta del cuerpo a todos los estímulos.

Por su parte la RAE define los sentimientos como estados de ánimo o disposición emocional hacia una cosa, un hecho o una persona. Se refiere por tanto más a la vivencia o experiencia mental que se deriva de los distintos estados emocionales y del atractivo o rechazo de situaciones internas y externas. Los sentimientos se mueven más en el terreno de las preferencias, de lo que queremos, lo que nos gusta y lo que no nos gusta como vivencia.

La lectura de estas definiciones de la RAE ya nos pone de manifiesto el cruce de conceptos que se utilizan en ambas, a modo de referencias cruzadas. Antonio Damasio nos dice de los sentimientos que surgen después de las emociones como estados mentales. Con sus palabras, para distinguir emociones y sentimientos explica que cuando vemos un peligro, cuando nos encontramos a una persona que nos inquieta o nos produce desagrado, nuestro cuerpo reacciona con una emoción: el corazón se acelera, el estómago se nos revuelve y sentimos un escalofrío. Pero el sentimiento viene después y es precisamente la representación mental que tenemos de esa emoción o miedo y de los pensamientos asociados. Por tanto, las emociones preceden a los sentimientos aun cuando sean estos los que en última instancia guían nuestras decisiones. Y ante un ataque o agresión física, verbal o psicológica nos llevan a las decisiones de huir, resistir o atacar.

Tanto las emociones como los sentimientos son el resultado y la causa de los fenómenos físico-químicos de nuestro cuerpo. El cuerpo es un laboratorio movido por unas dinámicas químicas y fisiológicas cuya inteligencia o panel de control son precisamente las emociones, si bien siempre condicionadas por el imperativo de los instintos. A su vez los sentimientos nacen y son consecuencia de las actividades de ese laboratorio emocional. Y todo ello aderezado con la influencia y modulación de nuestros pensamientos, que contribuyen a la interpretación mental de los hechos y estímulos.

Tanto las emociones como los sentimientos tienen su función al servicio de nuestra supervivencia y adaptación al medio. De entre las emociones, seis suelen destacarse como básicas, cada una de ellas con su correspondiente función:

1. La sorpresa: nos ayuda a centrar toda nuestra atención en el estímulo que la provoca para hacerle frente. De esta forma se elimina de nuestra memoria de trabajo cualquier otro elemento perturbador para gestionar la mejor respuesta ante el estímulo sorprendente.

2. El asco: determina nuestro alejamiento y rechazo automático de aquello que puede ser sucio, contaminante o tóxico.

3. El miedo: nos coloca en alerta y nos prepara para dar respuesta a una amenaza o peligro huyendo o enfrentándonos a ello.

4. La alegría: su función es incentivadora de las acciones buenas para nosotros.

5. La tristeza: la baja actividad física y cognitiva que provoca deja energía libre para atravesar y gestionar momentos de especial dureza o pena.
6. La ira: a través de la secreción de adrenalina nos prepara para hacer frente a una frustración o un ataque.

Por su parte los distintos sentimientos, tanto positivos como negativos, cumplen la función de recompensa o castigo de las acciones y circunstancias internas y culturales o de relación. Los sentimientos positivos nos premian como consecuencia de hechos o acciones favorables a nuestra supervivencia y la de nuestra comunidad. Los negativos nos castigan ante circunstancias o comportamientos dañinos para nosotros o los nuestros. ¿No es un premio experimentar el gozoso sentimiento del deber cumplido y un castigo vivir con un sentimiento de culpa?

Las emociones provienen de nuestros estadios más primitivos de desarrollo y su centro de operaciones se aloja principalmente en nuestro llamado cerebro reptiliano, que está especialmente orientado a nuestra supervivencia más básica. Su nombre le viene de tener su origen, supuestamente, en los sencillos cerebros defensivos de la vida de nuestros antecesores reptiles de los que evolutivamente parece que provenimos. Es en esta parte de nuestro cerebro donde se encuentra la denominada «amígdala» cerebral, cuya función principal es la clasificación de los estímulos en peligrosos o inocuos, disparando nuestros mecanismos emocionales de protección cuando detecta un estímulo de alarma o peligro. La clasificación de un estímulo como peligroso o amenazador desencadena un estado de alerta o defensivo que condiciona el funcionamiento de nuestros procesos cerebrales y mentales asociados o relacionados con dicho estímulo. Digamos que nuestra forma de pensar y procesar información cuando nos colocamos «a la defensiva» es radicalmente distinta a la de estados en los que nos sentimos seguros sin percepción de peligro o amenaza. Se habla precisamente del secuestro amigdalino (o secuestro emocional) para expresar como, cuando se ha detectado peligro, nuestra actividad cerebral y especialmente nuestra atención queda secuestrada. En tales circunstancias pasamos a interpretar todo en claves que permitan responder a ese peligro como si la señal de alarma se equiparara a la realidad del peligro. Caemos de alguna forma en una cierta obcecación que nos impide observar otros datos que nos podrían llevar a dejar de considerar algo como peligroso, ampliando nuestra visión con información más completa para gestionar la situación.

El fenómeno del secuestro amigdalino está muy presente en nuestras vidas, especialmente en casos en los que nos encontramos inmersos en un conflicto o nos sentimos amenazados en algo que nos afecta. La persona afectada suele negarse a aceptar encontrarse secuestrada, pero para los que le rodean resulta fácil apreciarlo. ¿No le decimos a alguien que está obcecado cuando se encuentra sometido a alguna pelea que desde fuera resulta absurda? ¿No hablamos de obsesión cuando vemos como una persona celosa interpreta cualquier comportamiento de su pareja como una constatación de la consumación de los cuernos? Las elaboraciones racionales en tales casos no tienen quiebras pues la mente construye correctamente hipótesis lógico-racionales. Pero el problema es que solo es capaz de construir y visualizar esas hipótesis ratificadoras del peligro. Existen con seguridad otros cientos o miles de hipótesis que de ser consideradas llevarían al afectado a relajarse y a dejar de ver algunos hechos como una fuente de peligro, pero ese secuestro le impide la visión de las mismas.

En discusiones acaloradas, ese secuestro emocional nos lleva a menudo a convertir al contrario en objeto de nuestro ataque, llegando incluso a olvidar realmente por qué se ha originado la discusión.

Es importante aclarar que nuestras emociones no son tanto consecuencia de hechos o circunstancias objetivas, sino que dependen de la interpretación o clasificación que nuestra amígdala realiza de los mismos en primera instancia. Por tanto, esa subjetividad, nutriéndose de la información genética y de experiencias pasadas grabadas en nuestra memoria consciente o inconsciente, es la que determina la clasificación de los estímulos como peligrosos o inocuos. Y es con esas «primeras impresiones», las que se producen automáticamente y a una trepidante velocidad, como escuchamos algo que se nos dice. Cuando esos estímulos que escuchamos, vemos u oímos, nos generan rechazo por interpretarlos como una afrenta, resultará muy difícil devolverlos a la consideración de inocuos.

Además del componente genético como plataforma neuronal sobre la que funciona el sistema emocional, todos tenemos un cúmulo de contenidos concretos forjados principalmente con nuestras experiencias, nuestras costumbres, nuestro entorno. Y esos contenidos incorporados o registrados en nuestra memoria son determinantes de una u otra reacción en la administración emocional de los estímulos que recibimos. Basta observar cómo el asco o la repugnancia que produce pensar en comerse una lombriz se modula perfectamente en una sociedad familiarizada con el manjar de las angulas. Por ello puede decirse que nacemos con la programación genética y cerebral para administrar una emoción como el asco, pero son en gran medida nuestro entorno y nuestras experiencias los que ponen el contenido concreto para su funcionamiento. Y lo mismo ocurre con el resto de las emociones.

Las emociones nos protegen del peligro y nos guían hacia lo que nos conviene. Son mecanismos de respuesta a estímulos que actúan sujetos a patrones enormemente inteligentes y rápidos para una respuesta eficaz o acertada ante la inmensa mayoría de estímulos a los que estamos sometidos cada día. Podríamos considerar que en una persona equilibrada la respuesta emocional es adecuada, pragmática y verdaderamente protectora. Solo excepcionalmente se encuentra desajustada o no es adecuada para lidiar con la situación. Por ello, debemos dar infinitas gracias a nuestra maquinaria emocional, que nos permite vivir sin tanta preocupación. Sabemos que ese guardián emocional nos dará aviso cuando sea necesario. Eso sí, debemos vigilar que ese mecanismo no se apodere de nosotros y nos lleve a obsesiones, preocupaciones, bloqueos, cegueras...

Aunque nos pueda jugar malas pasadas con reacciones inapropiadas en el presente o a corto plazo, nuestro sistema emocional tiene una función protectora en el largo plazo. Su funcionamiento es inteligente para esa protección. Sin duda muchas veces nuestra emocionalidad nos secuestra y dificulta la búsqueda y el encaje de una solución práctica para un problema que nos afecta y para la resolución de un conflicto con otra persona. Aislando el momento y el caso sería más efectivo aparcar la emoción (por ejemplo, un enfado con ira que nos bloquea) y dejarnos llevar por una solución práctica y libre de emociones.

Pero creo que la tozudez de nuestras emociones, con la consiguiente ceguera que nos produce para ver muchas cosas de interés para nosotros, tiene su razón de ser. Como mero ejemplo podemos decir que el enfado del prójimo y el miedo a ese enfado nos hace cuidarnos mucho siquiera de acercarnos a ciertos territorios que pueden disparar ese enfado. Si el enfado es aparcado con rapidez por motivos pragmáticos de quien se ha enfadado, es posible que el respeto que genera en las personas el miedo al disparo de un enfado o rabia de esa persona se vaya atenuando al ser sus reacciones de menor intensidad o duración. Ello hace que la preconcepción que existe entre personas para no disparar la emocionalidad de un tipo u otro se preserve más si las reacciones emocionales son más intensas y duraderas. En lenguaje psicológico, digamos que el mantenimiento por mi parte de una fuerte emocionalidad ante un ataque o afrenta supone un «refuerzo negativo» para desanimar a un tercero a aproximarse con sus actuaciones a terrenos que pudieran disparar mi enfado o mi ira. Me he referido al enfado, la rabia y la ira, pero bien podría hacerse una reflexión parecida con la tristeza, y con la alegría como refuerzo positivo. Con buen criterio, Aristóteles hace ya varios milenios afirmaba que *«enojarse es fácil, pero enojarse en la magnitud adecuada con la persona adecuada y en el momento adecuado eso es cosa de sabios».*

Digamos por tanto que la persistencia en la muestra de la emocionalidad puede configurar y ahondar en la creación de nuestra «marca emocional personal», que constituye de forma genérica un escudo de protección, aun cuando en batallas concretas del presente esa persistencia sea negativa para la solución de una situación concreta. Por ello la gestión de nuestra emocionalidad resulta de enorme importancia. Sin duda, la forma en que gestionamos esa marca personal emocional en sus múltiples ángulos determinará una mayor o menor inteligencia social y relacional, tan importante para nuestro éxito. Pero nadie debe tomar estas reflexiones como una invitación a mantener una fuerte o agresiva emocionalidad, sino como una llamada a un equilibrio adecuado en su administración tras incrementar la consciencia de lo que nos mueve y de lo que hay detrás del disparo de nuestras reacciones emocionales.

Y si las emociones son los vigilantes o protectores que tenemos incorporados para nuestra supervivencia, los sentimientos son instrumentos de los que las emociones se sirven para saber lo que realmente nos agrada y lo que no. Nuestras experiencias vividas, positivas o negativas, se manifiestan a través de nuestros sentimientos. Estos tienen sensores y mecanismos para buscar equilibrios internos y entre nuestro interior y el exterior, dando forma a experiencias agradables o desagradables que a su vez informan al sistema emocional. Y con esa información el sistema emocional reacciona, de una forma u otra, en función del signo de la experiencia a la que nos puedan llevar los estímulos que se perciben y que se filtran en primera instancia en la amígdala cerebral.

Haciendo un símil podría decirse que en una vivienda los detectores de temperatura, humedad, humo etc. serían parte de nuestro sistema emocional. Incluso los rociadores de agua para los casos de incendio formarían parte de ese sistema, pues actúan con automatismo cuando se detecta humo o altas temperaturas. Por su parte los sentimientos serían el sistema de sensores de humedad, temperatura, aroma, luz, ventilación etc. y establecimiento de los parámetros adecuados de cada variable para conseguir un hogar agradable para vivir. Y son los sentimientos los que proporcionan información al sistema emocional de detectores indicándole los parámetros de lo que es adecuado e inadecuado. Con esa información, el sistema emocional conoce a partir de qué grados de temperatura o concentración de humo debe disparar la alarma y los rociadores de agua. Los sentimientos, a través de las experiencias positivas o negativas, indican cuáles son las condiciones adecuadas para nosotros (para nuestra vivienda en el símil visto), y las emociones se disparan cuando las condiciones se salen de determinados parámetros.

Y así, una buena gestión de esos parámetros nos llevará a tener experiencias agradables en la vida (o en la vivienda) y desagradables en caso contrario. Se trata por tanto de un nivel más sutil de guía para nuestra feliz supervivencia en la que, además de las variables tradicionales relacionadas con la supervivencia física, se incluyen todas las necesidades y variables que afectan a las relaciones interpersonales, sociales, afectos.... Son estos sentimientos los que se convierten, con el sistema de afectos y rechazos, en los protagonistas de la cultura y la mente social. Y con seguridad, ese sistema de variables y preferencias que determinan los sentimientos, cuando se gestionan con equilibrio se encuentran también al servicio de nuestra buena supervivencia biológica y social.

Continuando con los símiles o paralelismos podría decirse que un robot puede estar programado para desarrollar mecanismos de respuesta o fenómenos similares a las emociones. Es decir, el robot podrá tener sensores para clasificar cada estímulo con ciertos criterios y en función de esa clasificación provocar una respuesta interna de un tipo u otro. Pero lo que nunca podrá tener el robot son experiencias o «vivencias» como las que se derivan para un humano de los sentimientos. Ese dolor o placer experimentado y asociado a las distintas situaciones internas y del contexto que vivimos va conformando nuestros automatismos de comportamiento, fomentando la reiteración de los que vivimos como positivos y el abandono de los que generan sufrimiento o dolor. Y de este dolor o bienestar experimentado, la razón (nuestro sistema lógico-racional) nada sabe. De ahí la célebre frase de Pascal diciendo *«hay razones del corazón que la razón no entiende»*. La razón es un instrumento que está al servicio de las emociones y los sentimientos, que son los que saben o gustan de unas cosas u otras como enseguida veremos. La razón no siente ni padece; lo que hace es procesar información, discutir o argumentar, aunque a menudo haciendo grandes trampas, precisamente para proteger nuestros intereses y sentimientos. Por ello los robots, como grandes procesadores de información, podrán articular todo tipo de procesos lógico-racionales conforme a su programación. Podrán también tener articulado un sistema de respuesta a estímulos similar a nuestro sistema emocional. Pero lo que nunca podrán tener es un sistema de sentimientos, pues los robots no pueden sufrir o disfrutar por más que puedan simular que lo hacen. Por eso lo robots tampoco jamás sabrán besar con pasión, pues cualquier pasión mostrada por ellos será una farsa.

Emociones, sentimientos y razón son partes integrantes del sistema en el que la interrelación en el funcionamiento de unos y otros es la que permite elaborar respuestas y actuaciones cerebrales acertadas o de éxito para nosotros. Como explica Eagleman en su libro *Incógnito*, lo racional se ocupa del análisis del mundo exterior y lo emocional se ocupa de estados internos y se preocupa de si las cosas irán bien o mal para uno mismo. Son las emociones y los sentimientos los que dan a la razón impulso y una guía, dirección o marco de valores con los que trabajar los procesos racionales. Sin duda nuestras emociones y nuestros sentimientos aderezan y ponen color y matices a nuestros razonamientos, por más fríos que consideremos que son estos. Por ello, el impacto de esa subjetividad en la percepción de las cosas es determinante de nuestros sentimientos y condiciona también de forma inconsciente nuestros procesos lógico-racionales supuestamente objetivos, aunque en realidad siempre son subjetivos, como pronto veremos.

Nuestra historia de experiencias grabadas en nuestros genes y en nuestra memoria de vivencias conforma unas preferencias o criterios emocionales o sentimentales que a menudo son inconscientes. Esta influencia aleja nuestro juicio racional de ser un proceso verdaderamente objetivo y subjetiviza cualquier valoración, llevándonos muchas veces a negar la realidad interna y de motivaciones por no ser conscientes de ella. En el plano del «deber ser», de la búsqueda de lo justo o lo legítimo, la razón de quien se ve implicado en una situación peca de subjetividad impidiendo la neutralidad y asepsia de la razón de alguien que tuviera una perspectiva libre de implicación y condicionamientos de su entorno social. Esta interacción entre los sentimientos y la razón explica la existencia de los conflictos y contradicciones internos e interpersonales propios de los humanos.

Nuestros valores y creencias acumulados y registrados en una u otra forma de memoria se convierten en protagonistas en este tipo de procesos cerebrales, mentales, sentimentales y emocionales. Y tan importante es ser consciente de ello que dedicaré un capítulo específico a abordar las complejidades de las disfunciones y confusiones con el uso de la razón y el término razón en nuestras relaciones sociales. Pero antes adentrémonos en el conocimiento del rol de la memoria con las creencias y valores en ella registrados.

LA MEMORIA, TU GRAN ARCHIVO

En el siglo XIX, el psicólogo Hermann Ebbighaus afirmó que «casi todas las experiencias permanecen ocultas a la conciencia y sin embargo su efecto es significativo y otorga validez a la experiencia anterior». Esas experiencias registradas de una u otra forma en nuestra memoria constituyen la base para articular nuestras distintas funciones cerebrales.

Por ello, tras deambular por el terreno de los mecanismos que mueven nuestras conductas y el sistema de rechazo o atracción de estímulos (emociones y sentimientos), resulta imprescindible adentrarnos en el territorio de los registros de información que constituyen la base para determinar lo que consideramos que es bueno o malo para nosotros, lo que supuestamente nos conviene o lo que no, y lo que nos gusta y nos disgusta.

De una forma u otra todos los criterios que utilizamos para clasificar las cosas, consciente o inconscientemente se apoyan en información y registros existentes en nuestro cerebro y cuerpo en cualquier tipo de soporte. Son cada vez más las manifestaciones científicas que nos hablan de que la memoria no solo se aloja en el cerebro sino en muchas otras partes de nuestro cuerpo.

Una parte de esa información se encuentra en nuestros genes en lo que llamamos información filogenética que proviene de nuestros antecesores. Otra parte proviene de nuestras interacciones con la vida, con el entorno y nuestro propio interior. Todo ello, almacenado en los centros o lugares donde quiera que se aloje, constituye nuestra memoria de la que se sirven nuestras creencias y nuestros valores. Las emociones y los sentimientos, como hemos visto, son programaciones neuronales al servicio de nuestras vidas cuyo *software* «viene de fábrica» Pero de nada servirían si no tuvieran datos, información o criterios sobre los que aplicar y procesar los estímulos o la nueva información que nos va llegando en el discurrir de nuestra vida. Si fuéramos una casa con una sofisticada domótica para activar automáticamente los mecanismos que ajustan la temperatura, humedad, luz etc., su funcionamiento exigiría la existencia de una serie de datos pre-registrados como temperatura, humedad, luz, etc. deseables. Esos datos son el contenido de nuestra memoria que nutre el *software* y los sensores de las emociones y los sentimientos.

La combinación de esos programas o plataformas neuronales que tenemos desde el nacimiento, complementados con información o con contenidos que provienen de nuestra experiencia de vida, se puede observar en otros fenómenos del mundo animal asociados a la supervivencia. Me encanta en ese sentido el funcionamiento de lo que se llama el «troquelado» del cerebro de los patos. Es un fenómeno por el cual parece que los patitos nacen programados para seguir a su madre incansablemente sin despegarse de ella. Por ello siempre vemos a los pequeños patos nadando o andando detrás de la pata. Pero realmente su programación neuronal no es para seguir a la pata sino a lo primero que ven moverse o pasar a su lado cuando salen del huevo. Por ello si lo primero que ve un pato al nacer es un perro, no dejará de seguir a ese animal, a quien tomará casi como madre.

Aunque no se trata del mismo fenómeno, algo similar ocurre con nuestras emociones y sentimientos, que a su vez están muy ligados a las creencias, asociaciones y valores que se forjan en nuestra vida. Esas experiencias de nuestra vida van quedando registradas en unos u otros soportes de nuestra memoria para que, sumadas a la información genética con la que nacemos, configuren nuestro sistema de creencias y valores, que son por tanto cambiantes al evolucionar con el trascurrir de nuestra vida cargada de experiencias positivas y negativas.

La memoria registra tanto datos o contenidos objetivos como recuerdos de la experiencia positiva o negativa asociada a esa información o situaciones. Podríamos decir que recuerda tanto los hechos o los estímulos como la experiencia entonces vivida y asociada a esos hechos o estímulos. Resulta pues de gran relevancia para dar forma a nuestras emociones y sentimientos.

Las creencias son asunciones, principios, automatismos asociados a hechos, circunstancias o palabras, y tienen una infinita gama de manifestaciones. Se basan en la generalización y nos permiten procesos de decisión o respuesta extremadamente económicos y rápidos, aunque a veces nos llevan a cometer errores. Pueden ser el clásico los «empresarios son unos explotadores», «los trabajadores son unos vagos», «los perros muerden» o «yo no soy capaz de tocar la guitarra». Puede existir una mejor o peor argumentación para llegar a ellas, pero sin duda se trata de una fundamentación de carácter principalmente subjetivo derivada de esa información genética y de las experiencias buenas o malas asociadas a los episodios de nuestra vida. Me atrevo a decir que si esa fundamentación no es subjetiva sino objetiva y correcta desde el punto de vista de la lógica racional estaremos más ante algo que llamamos conocimiento que ante una creencia. Por ello, pensar que el agua puesta al fuego comenzará a hervir al alcanzar los cien grados, más que una creencia parece ser un dato fruto de nuestro conocimiento. No obstante, a efectos prácticos, en nuestro funcionamiento interno de procesamiento para establecer relaciones causa-efecto este dato cumple una función similar al de una creencia propiamente dicha.

No cabe duda de que nuestros estados de ánimo son a su vez condicionantes de nuestras creencias. Mi creencia cuando tengo un día gris de no ser capaz de aprender a tocar la guitarra podría cambiar a una mucho más positiva el día en que «todo me sale bien». Ese estado de ánimo es posible que me haga creer que seré capaz de hacerlo. Por eso se habla de «creencias limitantes» cuando las mismas nos crean barreras o límites a nosotros mismos, y de «creencias motivantes», cuando las creencias en positivo nos motivan y nos dan fuerza y motivación para luchar por conseguir nuestros objetivos. Nuestro laboratorio químico interno, muy influido entre otras cosas por nuestro sistema de sentimientos y emociones, condiciona nuestros estados de ánimo y consiguientemente la positividad o negatividad en la configuración o vivencia de nuestras creencias en cada momento.

Las creencias ni me gustan ni me disgustan, sino que son sencillamente las que son. No obstante, por huir de reproches sociales ante una ética o moral que condiciona o limita la libertad de nuestras creencias, podemos sentirnos insatisfechos con nosotros mismos por tener determinadas creencias. Sería el ejemplo de quienes, teniendo creencias racistas, sienten que otra parte de sí mismos quiere negar esa creencia para no ser mal percibidos por la sociedad que les rodea. Se trata en este caso de una ocultación o negación de nuestras creencias causada por una racionalidad propia observadora de la opinión o juicio social sobre nuestras «indeseables creencias».

El entorno en el que hemos vivido con sus circunstancias es muy determinante de nuestras creencias. Las creencias y los datos de nuestra memoria podrán estar más o menos «grabados a fuego» y por ello más o menos abiertos a un cambio o evolución. Cuanto más fuerte haya sido el impacto emocional asociado al registro de hechos o circunstancias en nuestra memoria, más difícil será su modificación posterior. Por ello los hechos muy traumáticos generan creencias más difícilmente modificables.

Las creencias y los conocimientos acumulados en nuestra memoria, junto con los datos o informaciones que se dan en el presente y que se procesan por nuestro sistema operativo en cada momento, constituyen la materia prima de nuestros procesos racionales. Esos datos, junto con los acumulados en la memoria y las creencias, nos dan las reglas y fórmulas para los razonamientos sobre relaciones de causa-efecto del tipo «si haces esto... ocurrirá aquello». Son por tanto el material a usar en nuestros procesos lógico-racionales. Por ello la serenidad para tratar de determinar y aplicar las creencias respecto de nosotros mismos de forma equilibrada contribuirá de manera relevante a que los procesos y reflexiones racionales sean más acertados y redunden realmente en beneficio del propósito perseguido.

El sistema de valores que de una u otra forma se encuentra en cada momento registrado en nuestra memoria constituye un elemento también importante para nuestros procesos lógico-racionales. No obstante, la aportación que los valores realizan en el proceso no es tanto de información o de datos objetivos sino de recuerdo de la experiencia vivida asociada a hechos, datos o situaciones registradas en nuestra memoria, incluyendo por supuesto los mensajes y la educación recibidos de aquellos a quienes tenemos como personas de referencia.

Por ello los valores aportan la perspectiva del juicio de bondad o maldad de algo para nosotros y para los nuestros o la sociedad cuando estamos procesando información. Las creencias se mueven en el mundo de los datos y de lo objetivable en cuanto a las relaciones de causa-efecto (aunque en el juicio exista subjetividad). Sin embargo, los valores aportan criterio (subjetivo) para determinar cómo de bueno o de malo resulta algo para nosotros y en qué medida eso está alineado con lo que creemos «deben ser» las cosas o, lo que es lo mismo, los principios. Se trata igualmente de unos criterios de bueno y malo muy subjetivos. Pero desde la perspectiva de la vivencia que nos despierta una experiencia, esa subjetividad es equivalente a la objetividad al estarnos refiriendo a «cómo la vive» el sujeto que encarna el valor. Solo el que vive una experiencia tiene capacidad para calificar la misma como positiva o negativa, ya sepa o no hacerlo. Podríamos decir que es algo «subjetivamente objetivo».

El hombre tiene un sentido ético, sea cual sea la ética aplicable. La estética social derivada de cualquier ética mínimamente arraigada en las civilizaciones judeocristianas nos impide o dificulta vivir con la creencia de que el ser humano es predominantemente egoísta por naturaleza. Y por ello, socialmente nos cuesta aceptar que algo es bueno y debe prevalecer cuando es bueno solo para nosotros. Como consecuencia, en el plano individual creamos relatos para asimilar el concepto de valor al de un principio aplicable que, de ser respetado, sería bueno para la humanidad, o al menos para nuestra sociedad. Pero en realidad tendemos a calificar como bueno lo que nos gusta, nos da seguridad y confianza, y como malo lo que no nos gusta, nos genera incertidumbre o desconfianza.

Y en el plano social, las sociedades configuran como buenos valores que le convienen como grupo y descalifican otros con los que no se encuentran familiarizadas y que muchas veces es a otras sociedades o grupos a quienes convienen. Como seres morales existe siempre una cierta y congénita hipocresía que nos lleva socialmente a construir éticas y principios en relación con los valores y encajar nuestros comportamientos en esos principios legitimadores. De esta forma desactivamos la auto-crítica sobre la cruda realidad de ser seres que ponemos nuestra supervivencia y nuestro bienestar y el de nuestros descendientes por encima de cualquier cosa aun de forma inconsciente. Solo las personas plenamente encajadas en una vida plena de sentido y en un propósito vital profundo y arraigado son capaces de experimentar un verdadero altruismo. Es en cualquier caso un altruismo de alguna forma interesado, pues lo cierto es que nada es tan gozoso como el sacrificio y la ayuda a los demás cuando lo hacemos desde la profunda y sentida convicción de hacer lo que nos corresponde hacer. Es el caso de quien dice «estoy en el mundo para algo y por ese algo soy capaz de dar la vida». Sin llegar a los extremos de dar la vida, las personas con una vida con sentido cabalgan fácilmente a lomos de sus valores respetándolos en todo lo que está a su alcance.

Puede decirse que los valores integrados, sentidos y vividos definen lo que somos. Conforman nuestra forma de ser al determinar el significado (o valor) positivo o negativo que les atribuimos a las cosas. Por ello, los valores que tenemos registrados de verdad como propios condicionan espontáneamente nuestro grado de satisfacción ante las cosas que hacemos. Cuando nuestros comportamientos (ya sean acciones u omisiones) están alineados con ellos sentimos satisfacción. Y cuando no lo están se experimenta cierta fricción interna. El alineamiento de nuestros actos con nuestros valores nos permite disfrutar de la coherencia interna, que constituye a su vez una fuente de satisfacción. Cuando a ello le sumamos un propósito vital ejercido, nos colocamos más cerca de una vida con sentido y plenitud. Pues vivir en nuestros valores nos da sintonía interior, paz y nos ayuda a conectar con nuestra dimensión trascendente.

Nos gusta en general ser respetuosos con nuestros valores. Pero, cuando el respeto de nuestros valores puede poner en cuestión la satisfacción de nuestros deseos o de las necesidades que tengamos o sintamos tener, nace el conflicto interno, con el riesgo de sacrificar nuestros valores para la satisfacción de nuestras necesidades. Cuando el valor que atribuimos a ser «una persona respetuosa de sus valores» es mayor que el que atribuimos a la satisfacción de una necesidad, podremos decir que los valores se han impuesto en ese conflicto. Y por ello, las personas que en su jerarquía de lo que les satisface ponen muy alto el respeto de sus valores son «personas con valores» o «personas con principios». Aunque valores tenemos todos, a menudo nos olvidamos de ellos cuando el valor que atribuimos a la satisfacción de nuestros deseos o necesidades es muy superior a la satisfacción experimentada con la coherencia de ser una persona de valores. Decimos de estas personas que son «personas sin valores».

Los valores son protagonistas de la conformación de la cultura de una sociedad. Por ello existe una clara relación entre los valores y la estética. Las palabras y los relatos con los que se describen las cosas, los símbolos con su distinto significado social se orientan a ensalzar el valor y legitimar las actuaciones sociales. Los mismos hechos, objetivamente hablando, son en gran medida percibidos como buenos o malos, como valiosos o menos valiosos, en función de los términos y palabras utilizados en su descripción. Pues de alguna forma las connotaciones asociadas a unas y otras palabras implican la asociación de valores positivos o negativos. Es la tradición social o cultural la que atribuye unos valores o connotaciones a unos y otros términos, lo que desde luego se matizará y personalizará con la subjetividad propia de cada individuo. Por ello una persona que se suicida con una mochila bomba en un mercado en defensa de la Yihad es un terrorista para un occidental, pero es considerado por una parte de los musulmanes como un mártir de la revolución islámica. Igualmente, lo que para un pueblo pueden ser unos «territorios conquistados» con el orgullo propio de la conquista, para otros no son sino «territorios ocupados» por quien no tuvo derecho a hacerlo.

Por igual motivo, atribuimos distinto juicio de valor a hechos que son en esencia similares en función de la forma en como se manifiestan. Y así somos mucho menos tolerantes para permitirnos coger de la caja de nuestra oficina un billete de cinco euros para un taxi que coger dos bolígrafos para llevarme a casa porque los necesita nuestro hijo. Es muy posible que dejemos una nota en el cajón avisando de que hemos cogido cinco euros, pero mucho más posible que no le demos importancia a coger bolígrafos o unos paquetes de folios, cuya sustracción genera un quebranto económico superior a la empresa. Es una buena muestra del «valor» supremo que hemos atribuido en nuestra sociedad al dinero.

A modo de cierre y simplificando, podemos decir que las creencias son las asunciones y reglas de funcionamiento de las cosas que acertada o equivocadamente damos por buenas en nuestro fuero interno. Incluyen también las asunciones respecto de nuestras capacidades o discapacidades. Los valores, por su parte, son los registros de preferencias y rechazos asociados a un «deber ser» que en gran medida se construyen y están ligados al juicio de bondad o maldad asociado a significados atribuidos a palabras, relatos o escenas y enmarcados en principios éticos o morales. Y como seres sociales, los valores necesariamente están enormemente influenciados por los condicionamientos sociales de nuestro entorno, que a su vez siempre se encuentran en cierta evolución.

LA RAZÓN: UN DELICADO EQUILIBRIO

Todos sabemos o tenemos un concepto claro de lo que es razonar o reflexionar. La razón, como facultad humana, es precisamente el mecanismo del cerebro humano que nos permite reflexionar, estructurar conceptos y categorías, sacar conclusiones, realizar juicios y comparaciones, formular hipótesis y someterlas a contraste etc.

No pretendo en este libro hacer un análisis de lo que significa reflexionar, razonar o la lógica y sus distintos métodos, como son la inducción y la deducción. Su desarrollo excedería de mi pretensión que solo busca permitirnos entender la existencia de una herramienta, la razón o el razonamiento, de la que disponemos para la búsqueda de nuestra supervivencia y nuestra calidad de vida.

Nuestra capacidad de razonar y el desarrollo de nuestro cerebro cartesiano solo puede encontrar sentido en ese servicio a nuestra propia vida y a la de nuestro entorno. Es una arraigada creencia dentro de mí que no puedo poner en duda pues no soy capaz de imaginar otra «razón de ser» de nuestra razón que no sea nuestra protección y desarrollo. Sin duda es el resultado de nuestra evolución y considero por ello que los órganos y facultades que los animales, y por tanto también los humanos, hemos desarrollado se han producido precisamente para adaptarnos a las nuevas necesidades y mejorar nuestras capacidades de supervivencia.

Como parte de esa visión pragmática, considero igualmente que la razón debe ser utilizada cuando resulta útil para resolver la cuestión que queremos solucionar o mejorar precisamente con el uso de la razón. Ello me ha llevado en mi propia vida a la decisión de aparcar mi «razón» cuando no resulta útil, especialmente en las relaciones con los demás. Pues a menudo la búsqueda de razón no facilita sino que dificulta el entendimiento con otras personas. Son muchas las ocasiones en que nos ofuscamos en dar un predominio absoluto a la razón y al pensamiento, lo que nos puede llevar al desasosiego mental y al desencuentro en las relaciones con los demás, que manejan su propia razón. Cuántas veces sería mucho más práctico dar la razón a alguien solo para que dejara de darnos la matraca con algo y concluir una situación de conflicto. Cuántas veces por pensar demasiado nos torturamos más de la cuenta. Por ello, nada es tan importante como tomar conciencia de esto y aprender a usar o no a nuestra conveniencia lo que llamamos «razón». Como dice Schopenhauer en su libro *El arte de tener siempre razón,* *«en general la gente se bate mucho más para tener razón* *que para llegar a la verdad».*

Como parte de esa creencia personal por la que considero a la razón como un instrumento que debiera estar al servicio de quien dispone de ella, he tenido siempre gran interés por comprender adecuadamente las utilidades de la razón humana y lo que es el sentido común. Pero observando el uso que muchas veces hacemos de ella se comprueba que a menudo nuestra razón nos tortura, nos lleva a conflictos sin sentido y a discusiones que no conducen a nada pero que nos causan dolor.

Para ilustrar lo anterior me basta con recordar una anécdota que recientemente he vivido en mi entorno cercano. ¿Como es posible que una persona de 79 años, «en su sano juicio» y bien holgada de dinero, haya podido perder siete años de disfrutar la vivienda que era su sueño y que había adquirido cuando tenía 72 años? Este es el caso de un vecino que ha mantenido un pleito durante siete años con el contratista de la reforma de su casa tras la adquisición. Con la casa empantanada con las obras, las disputas con el contratista paralizan las obras haciéndose imposible vivir en ella, adentrándose el propietario en un pleito que solo después de siete años ha concluido de forma definitiva. El comprador ha permanecido siete años viviendo en alquiler (¿transitorio?) en una vivienda infinitamente peor como solución o cauce para poder mantener durante ese tiempo pleitos con su contratista en relación con las obras de reforma. Desconozco los motivos que han llevado al desencuentro y que han impedido alcanzar una solución acordada, aunque no fuera perfecta. Desconozco también la emocionalidad que se haya podido despertar en la relación propietario-contratista derivada de los recíprocos reproches que se hayan podido efectuar. Pero la realidad es que el empeño del propietario en tener razón le llevó de forma anti-pragmática a mantener vivo un pleito que paralizó la obra y le impidió disfrutar de esa «casa de su vida» durante siete años de los que puedan quedarle en esta vida, que ya no son tantísimos cuando se tienen 79 años.

La lucha por ver quién tiene la razón nos lleva a menudo a interminables disputas con gran deterioro de aquellos bienes tangibles o intangibles que tratábamos de proteger para nuestro disfrute con la discusión. ¿Dónde está ahí el sentido común? ¿No habría sido «más razonable» cualquier solución distinta a la búsqueda del «tener razón»?

Están muy arraigados esos malos o contraproducentes usos de la razón en nuestra sociedad. Son usos que la convierten en un arma contra nuestros propios intereses y una vía para crear o perpetuar la conflictividad, pudiéndonos llevar incluso a la ruptura de relaciones. Por ello, por su importancia y por su relación con conceptos como la legitimidad y la justicia, separaré en el cuarto capítulo del libro el tratamiento de esa facultad de razonar (o más bien de argumentar para explicar o justificar la legitimidad de nuestras actuaciones). Lamentablemente, existen demasiadas absurdas y estériles discusiones y argumentaciones que, lejos de servir para construir, solo contribuyen al desentendimiento y la polarización de visiones.

La razón no tiene sentido ni fin en sí misma si no es al servicio de algo que, colocado en un sujeto, permite valorarlo como bueno o malo (adecuado o inadecuado, coherente o incoherente...), en función de la mayor o menor presencia de los múltiples aspectos que ponemos en nuestra ecuación de lo bueno y lo malo. La razón nos ayuda a ponderar elecciones, efectuar cálculos, estimar el impacto de las cosas, establecer relaciones causa-efecto, comparar, y en general a todo aquello propio o derivado de la reflexión, la lógica y la deducción. Cuánto beneficia a quien es usuario de esa función racional de nuestro cerebro es algo que dependerá de cómo de acertado y equilibrado sea su uso.

Por otra parte, para poder poner en la balanza del sentido común (y de la razón) los distintos aspectos positivos y los negativos que se pueden derivar de una decisión, necesitaremos tener identificados y tomar conciencia de tales aspectos. Y siendo las emociones y los sentimientos los que predominantemente determinan lo que nos gusta y lo que no, dichos aspectos son en gran medida emocionales o sentimentales. Como ya he explicado, muchos de nuestros sentimientos, preocupaciones, temores, dolores, alegrías y estados de ánimo permanecen en nuestro inconsciente sin que se hagan explícitos o conscientes a la razón. Por este motivo, esa falta de consciencia nos puede impedir incluirlos, con el signo positivo o negativo que les corresponda, en el balance de ventajas o inconvenientes derivados de una decisión fruto de la reflexión o la razón. En definitiva, la falta de acceso consciente a factores internos impide a la razón ponderarlos. De ahí la reiterada importancia de incrementar nuestro auto-conocimiento para poder enriquecer el uso de nuestra facultad de razonar y ponderar o equilibrar el peso de los distintos factores en juego en el discurrir de nuestra vida.

Pero la vinculación e inseparabilidad de la razón de nuestras emociones y sentimientos no se queda solo en eso. Neurológicamente asociamos la facultad de razonar principalmente a nuestro cerebro cartesiano coincidente con el llamado córtex prefrontal. Es la parte desarrollada en último lugar de nuestro proceso evolutivo. Es verdad que en los procesos de reflexión racionales la intensidad de la actividad se centra en dicha zona del cerebro, si bien, como se deduce de recientes estudios científicos, existe una permanente interrelación de la función y actividad reflexiva o racional con nuestro universo emocional y de sentimientos, así como con nuestro propio cuerpo, formando todo ello un sistema con partes interdependientes. Destacan entre dichos estudios los ya mencionados realizados por Antonio Damasio quien, con su propia terminología y refiriéndose a la interrelación de las distintas actividades cerebrales y el propio cuerpo, manifiesta que «*se trata de ingredientes de un mismo puré que posibilitan nuestra mente*».

Es ese «puré» el que nos lleva a menudo a una confusión en el uso de los términos, provocando tensiones innecesarias en las relaciones entre personas y haciéndonos muchas veces víctimas, con un alto precio, de nuestros auto-engaños. La importancia de una mejor comprensión de todo ello en un mundo tan confrontado y tan imperfectamente racionalista me lleva a desarrollarlo en el siguiente capítulo.

CAPÍTULO 4. COMPORTAMIENTO SOCIAL: JUSTICIA, RAZÓN, VERDAD, LEGITIMIDAD

> *No hay nada repartido de modo*
> *más equitativo que la razón:*
> *todo el mundo está convencido de tener suficiente.*
>
> René Descartes

¿SIGUE SIENDO ÚTIL TENER RAZÓN?

¿Hay alguien a quien no le guste «tener razón»? ¿Conocemos a alguien que, no estando enfermo, le importe un comino el juicio que los demás hagan de sus actos? ¿No es verdad que a todos nos gusta pensar y sentir que nuestras actuaciones son legítimas, correctas o éticas? ¿No es también verdad que muchas veces justificamos lo injustificable?

Como seres humanos, y salvando algunas excepciones, buscamos más el poder que el conocimiento de la realidad. Somos por ello discutidores y argumentadores que quieren dotarse de poder o de aquello que los ensalza, como es el hecho de tener razón, de sentir que actúan con justicia y legítimamente. Somos constructores de argumentos que refuerzan nuestra respetabilidad, autoridad o poder. Y la búsqueda de la verdad queda en un segundo plano salvo cuando buscamos acercarnos a ella porque ello nos beneficia. Tan es así que lo que llamamos verdad en el ámbito de la justicia, la legitimidad o la bondad no es sino una «construcción artificial» al servicio de quienes la esgrimen.

Desde siempre, y al servicio de nuestros instintos que nos llevan a esa búsqueda de fortaleza, la sociedad espontáneamente atribuye poder, reconocimiento o autoridad a quien se le atribuye la razón. El poder está de alguna forma relacionado con la supervivencia y no debemos por ello extrañarnos por el hecho de que esa búsqueda de poder, de la razón y de legitimidad en nuestras actuaciones, se convierta en una de nuestras principales motivaciones y prioridades vitales, seamos más o menos conscientes de ello.

Pero ¿sigue siendo hoy la razón tan útil y de tanto valor como tradicionalmente lo ha sido? ¿O quizá hoy tienen mayor relevancia que la razón el dominio emocional y la conexión empática con los individuos y la sociedad? La respuesta no puede ser un sí o un no. Pero el interrogante me hace tomar conciencia de la importancia de comprender las dinámicas de relación entre unos y otros mecanismos que hemos estudiado (razón, emoción y sentimientos), y cómo esa relación influye en el propio funcionamiento de cada uno de ellos.

Observo todos los días en mi vida profesional, rodeado de tensiones y conflictos, cómo la confusión entre estos mecanismos nos lleva a incrementar la tensión y dificulta el entendimiento. Se utilizan, de forma convencida, referencias a la razón sin tener consciencia de la subjetividad presente en cada argumento y olvidamos que, en cualquier proceso racional relacionado con la evaluación de la justicia, la bondad o la legitimidad, siempre se encuentran presentes en mayor o menor grado nuestras creencias, sentimientos y emociones... Y estos sin duda también están condicionados por nuestros intereses y necesidades.

La relevancia creciente de las relaciones sociales para nuestra supervivencia y éxito social o para no ser excluidos de la sociedad aconsejan dedicar en este libro este apartado en el que es necesario volver a hablar de emociones, sentimientos y razón. Y así, ante la inseparabilidad de tales funciones para su adecuado funcionamiento, profundizaré en su interrelación. Las emociones, con la información de las experiencias que las conforman, son parte de nuestra historia y tienen un peso enorme en nuestras reflexiones, como la racionalidad y la lógica a su vez, y de forma consciente o inconsciente, impregnan la sabiduría de nuestras respuestas emocionales.

El ser humano es irremediablemente social. Hemos tratado ya la idea de las necesidades sociales. En las sociedades avanzadas tales necesidades constituyen un foco en el que consumimos mucha energía. Dedicamos más energía a buscar la satisfacción de nuestras necesidades sociales que las biológicas que durante milenios han constituido la principal preocupación cotidiana del ser humano. Y aunque esto último suene extraño, lo reafirmo pues hoy, en las sociedades ricas, satisfacer nuestras necesidades de alimento, ropa, techo... no es difícil para quien está dispuesto a sacrificar su dignidad y mendigar o asistir a un comedor social o albergue.

Sin embargo, hoy la satisfacción de necesidades sociales como las ya mencionadas (estatus, dignidad, justicia, seguridad, reconocimiento, sentido de pertenencia, novedad etc.) no resulta tan sencilla en un mundo muy exigente y deshumanizado. Su satisfacción no se produce tanto en el plano racional, frío o cartesiano, sino que se desenvuelve principalmente en el plano de las relaciones humanas. Y en las relaciones humanas, no son el contenido y los datos de lo que nos decimos lo que resulta más relevante, sino la forma, lugar y momento en que lo decimos o nos comunicamos y relacionamos. Me refiero a la importancia de la sensibilidad y el tacto en la comunicación y en la convivencia, de la idoneidad del momento para decir algo, de la importancia de los tonos empleados, las miradas, los gestos, las comparaciones, las actitudes de mayor o menor respeto... En definitiva, el éxito en la comunicación y en las relaciones interpersonales requiere, de forma inseparable, tanto del acierto en lo que se dice como, y en mayor grado, de la forma y momento en que se dice.

La forma y momento en que comunicamos tiene poco que ver con el mundo de la racionalidad y mucho con la emocionalidad y la gestión de los sentimientos propios y ajenos. Es sorprendente en este sentido el resultado de las investigaciones realizadas en los años sesenta del pasado siglo por el psicólogo Albert Mehrabian sobre lo que nos atrae o es relevante a la hora de comunicar. En virtud de dichos estudios, a la hora de determinar el interés que despierta en nosotros lo que otros comunican, el peso de los contenidos comunicados solo representa un 7% del total. El resto se reparte en un 38% para la expresión verbal y un 55% para el aspecto y la expresión corporal. Al margen de dicho estudio, podríamos llegar a similar conclusión si observamos la duración de la información meteorológica (el tiempo) en los telediarios. Hoy día la información meteorológica no resulta de particular interés como noticia pues el que quiere conocerla no tiene más que mirar su teléfono para obtener unas acertadas y detalladas informaciones y previsiones adaptadas a la zona de particular interés. Sin embargo, se dedican quince o veinte minutos a ello en los telediarios solo porque la gente lo ve, le gusta. Pero le gusta, no tanto por su interés informativo sino por la especial forma de comunicación y presentación del tema por los locutores. Su creíble pasión e interés en lo que cuentan y su dinamismo en la exposición ensalzada con maravillosas imágenes nos llevan a «conectar» con ellos y a permanecer quince minutos escuchando un tema que realmente nada nos interesa.

Al tratar de los valores en la primera parte de este libro, ya he afirmado cómo el hombre necesita sentir que sus actuaciones son legítimas. O, lo que es lo mismo, de forma expresa o implícita, admitimos y nos sentimos sometidos a unas normas morales que deben respetarse. Y ello nos lleva a la necesidad de que nuestro comportamiento no sea contrario a ellas. Aun siendo así, sin duda en ocasiones actuamos de forma impropia o contraria a esos principios morales de la sociedad y que nosotros tenemos por buenos. Y cuando esto ocurre, despertamos inconscientemente nuestra actividad racional para buscar argumentos o «razones» que den legitimidad a nuestro actuar, retorciendo incluso los argumentos para encajar nuestros actos en un correcto proceder que nos justifique. Tales fenómenos provocan el entremezclado de nuestras facultades y la confusión de nuestras emociones, sentimientos y razón generando a menudo un auto-engaño del que no somos conscientes. Llegamos a creernos muchas veces las mentiras (argumentos) que construimos para legitimarnos, despertándose además cierta agresividad emocional si la situación nos hace sentir incómodos. Son esos casos en los que decimos que alguien se cree sus propias mentiras.

Para entender este fenómeno resulta muy ilustrativa la lectura del Libro *La Caja* del Instituto Arbinger. En él se explica como:

1. Cuando en relación con un tercero hacemos algo que no debemos hacer o dejamos de hacer algo que debíamos haber hecho nos auto-traicionamos.
2. A su vez, cuando nos auto-traicionamos comenzamos a justificar nuestra conducta.
3. Ello nos lleva a magnificar la relevancia de los defectos del tercero y a dar mucha relevancia a las virtudes y argumentos que legitiman nuestra posición.
4. Esto nos encierra mentalmente en una «caja» con una careta que hace que los demás se metan también en su «caja» como reacción para defenderse y justificar su actuación.
5. Pasamos a vivir así la relación afectada de forma que el principal propósito es seguir teniendo razón en nuestra interpretación encerrada en la «caja» como forma de auto-justificación.

6. Con esa dinámica, los defectos de los demás se convierten en necesarios, de forma que si no los tienen los creamos para seguir teniendo derecho al reproche y a la legitimidad para seguir estando enfadados.

7. Sin darnos cuenta, estas actitudes nos encierran en nuestra «caja», limitando y cegando nuestra mirada, con el riesgo de que con el tiempo nuestra ceguera se convierta en crónica.

Trataré por tanto de complementar lo ya visto con nuevas perspectivas más entrecruzadas, confiando en que ello permita al lector enriquecer la comprensión de la enorme complejidad de nuestro funcionamiento con las variadas inteligencias de las que disponemos. Sin duda se trata del capítulo que exige mayor rigor conceptual y el respeto preciso de cada concepto utilizado, cuestiones que requieren un cierto análisis más formal y filosófico.

Desarrollaré estas nuevas ideas desde el confuso concepto del «razonamiento» como argumentación entre seres humanos. Confuso por tratarse de un proceso, fórmula o concepto supuestamente cartesiano, objetivo y perfecto como idea pero que en la práctica, en la realidad que vivimos, nada está más lejos. La teórica perfección de los procesos racionales exigiría el uso de términos precisos y bien delimitados por un lenguaje para mantener un aceptable rigor lógico-racional. Sin embargo, la condición abierta y llena de matices de los términos y vocablos de cualquier lenguaje, unida a las asociaciones de significados y connotaciones que cada uno hace para cada término, llevan a la imperfección o sesgo de cualquier argumento racional que no sea en el campo matemático o de la lógica pura. Por ello la comprensión de la razón y de su naturaleza exige filosofar un poco sobre ella.

LA RAZÓN Y LA VERDAD, CLASE DE DISECCIÓN

Comencemos este ejercicio aterrizando en la disección de términos y conceptos que en nuestra vida diaria entremezclamos sin darnos cuenta. Me refiero a los hechos, las opiniones, los pensamientos y los sentimientos. Es una disección fundamental para evitar la desnaturalización de cada uno de dichos conceptos.

Para ello quiero referirme a Marshall Rosenberg, como creador de la escuela de la «Comunicación No Violenta» para poner más luz en la comprensión de cómo las personas nos comportamos ante hechos y reflexiones sobre cuestiones que nos afectan. Una mejor comprensión de nuestras dinámicas internas nos permitirá tomar mayor conciencia de cómo funcionamos y por extrapolación comprender cómo funcionan también los demás, aunque lógicamente cada uno con sus peculiaridades. Nada resulta de mayor utilidad para el cuidado de nuestras relaciones sociales y para la gestión de nuestros intereses en ellas. Y para ello resulta fundamental distinguir entre lo que son los hechos, las opiniones, los sentimientos/emociones, los pensamientos y las necesidades asociadas a esos pensamientos y sentimientos. Inspirado en las enseñanzas de dicha escuela, y con algunos añadidos de mi propia cosecha, trataré de exponerlo de forma llana y sin sofisticaciones terminológicas, utilizando algunos ejemplos.

- **Hechos**: son datos, circunstancias objetivas, elementos fácticos, realidades que han o bien que no han ocurrido.

  Pongamos como ejemplo de un hecho «hoy llueve en Almería» o «hoy no llueve en Almería».

  Los hechos como tales no deberían estar sujetos a discusión sino a verificación. Por ello, si dos personas discrepan sobre la veracidad de unos hechos, no deberían discutir acerca de si estos han ocurrido o no, sino constatar o verificar si efectivamente han ocurrido. Por tanto los hechos pueden ser verdaderos o falsos y son demostrables.

- **Opiniones**: son valoraciones de hechos realizadas por una persona (o una institución).

  Pongamos como ejemplo de opinión «la lluvia de hoy es muy mala, qué mal día» o «la lluvia de hoy en muy buena, qué buen día».

  Las opiniones son argumentables, discutibles, fundamentadas y pueden o no ser compartidas entre dos interlocutores. Están afectadas por la posición actual, los intereses, la historia y las creencias del opinante; están por tanto condicionadas por la subjetividad. Podría argumentarse que las lluvias son buenas porque el campo las necesita y para evitar la pérdida de cosechas. Pero otros podrán argumentar que son malas porque ahuyentan el turismo que tan importante es para la región, o porque estropean la celebración de las fiestas patronales.

  Las opiniones no pueden ser calificables como verdaderas o falsas. Son solo opiniones y son todas verdaderas. Son la opinión de cada uno, siempre verdadera como opinión, al margen de su mayor o menor coherencia o de soporte argumental que la sustente o de la relevancia de los argumentos utilizados.

- **Necesidades**: ya hemos explicado, y todos sabemos, cómo las personas tenemos necesidades biológicas y otras de tipo psicológico o social. Las sociales son menos explícitas y por ellos son de mayor relevancia para la comprensión de estas reflexiones. Recordemos que se trata de necesidades como el estatus, el sentido de pertenencia, la seguridad, la autonomía, la novedad etc. Aquello que creemos que resulta imprescindible o muy importante para nosotros y cuya carencia o amenaza de carencia nos produce miedo y nos hace sufrir. Y como ya hemos explicado, en muchas ocasiones no somos conscientes de nuestras propias necesidades llegando incluso a negarlas, posiblemente fruto de un malsano orgullo. ¿Cuánta gente niega la necesidad de ser querida?

- **Sentimientos**: ya los hemos descrito extensamente en su correspondiente apartado. Y, como hemos dicho, están al servicio o para garantizar la satisfacción de nuestras necesidades. Son de alguna manera producidos con los pensamientos y valoraciones que se derivan de nuestras opiniones mezcladas con nuestra historia personal y nuestro sistema emocional y de creencias. El miedo a poner en peligro una necesidad o el disfrute de una situación a la que estamos acostumbrados o nos conviene se une a pensamientos defensivos y nos lleva a despertar uno u otro sentimiento que a su vez distorsiona nuestra capacidad de reflexionar con una mínima objetividad. La percepción por nuestra parte de una amenaza a nuestras necesidades, tanto biológicas como sociales, despierta en nosotros unos pensamientos muy condicionados por nuestra emoción o miedo a la pérdida de algo que «necesitamos».

Siguiendo con el tema de la climatología, ejemplos de expresión de un sentimiento podrían ser: «¡qué gozada de día!» o «¡qué asco de día!». Ya no son expresión de cómo de bueno o malo es el clima sino de cómo nos hace sentir el mismo.

Los sentimientos provienen de la ideología y de la experiencia, trayectoria y situación personal. Son personales e intransferibles y no pueden discutirse ni se cambian mediante la reflexión. Son los sentimientos los que asocian pensamientos con una alta carga de juicio moral o de justicia respecto a las posiciones de otros.

La mejor receta para lidiar con los sentimientos negativos de otros es aceptarlos aunque no los compartamos. Discutir o razonar sobre ellos es contraproducente pues no se mueven en el plano de la reflexión sino en ese mundo de procesos inconscientes del que ya hemos hablado anteriormente en este libro.

- **Pensamientos**: son procesos lógico-racionales que efectuamos como estrategia de defensa ante la amenaza a alguna necesidad propia. Están dirigidos a proteger la necesidad legitimando nuestra posición, nuestro sentimiento, nuestra pretensión y denostando el comportamiento, sentimiento u opinión de la parte contraria implicada en la amenaza a nuestra necesidad.

Para este análisis, imaginemos ahora un supuesto teórico, pero perfectamente posible. Dos personas se encuentran en Almería: Una de ellas es una persona que lleva tres años sin vacaciones y que ha conseguido escaparse, con gran esfuerzo, para disfrutar de solo tres días de descanso y playa. Le han dicho que en Almería hace muy buen tiempo y que incluso en mayo tiene garantizado el poderse bañar en el mar, que es lo que más le gusta del mundo. Llamémosle el «Veraneante». La otra persona es un empresario, agricultor local, que hace un par de años se endeudó y empeñó todos sus ahorros en invertir en unos nuevos cultivos que necesitan una pluviometría mínima. Lamentable y contrariamente a todas las estadísticas, no se han producido en los dos últimos años esas mínimas lluvias necesarias. Llamémosle el «Agricultor».

Imaginemos ahora que ambos se conocen desde hace tiempo y que coinciden en un soleado día en Almería después de dos años sin lluvia y que a pesar de que las previsiones meteorológicas habían anunciado lluvias, para alegría del Agricultor. El Veraneante, al ver el sol radiante, lo celebra y manifiesta su opinión acerca del buen día que hace, expresando incluso su sentimiento con un «¡qué gozada de día!» pues podrá disfrutar de la playa y de sus baños. Ante ello, el Agricultor es muy probable que opine que el clima ese día es muy malo mostrando sus sentimientos con un «¡qué horroroso día para mi cosecha! ¡Y qué riesgo para mis inversiones!».

Todo ello parece lógico, pues cada uno opina y califica el día en función de sus necesidades: el primero tiene la necesidad de descansar y disfrutar de sus minivacaciones después de tantos años sin ellas. El segundo necesita que llueva pues de no ser así perderá definitivamente su cosecha, con lo que ello implicará en sus finanzas y en su situación patrimonial familiar.

Todo es por tanto muy lógico y comprensible en el plano de las opiniones para calificar el día de bueno o malo. Pero el Agricultor, lejos de quedarse en una simple opinión sobre si el día es bueno, desarrolla ese sentimiento negativo, especialmente cuando al ver al Veraneante este le comenta el «buen día» que hace. Tal comentario, ante la amenaza de su situación financiera y el temor o pánico que ello le provoca al Agricultor, produce en este pensamientos del tipo «¡qué insensible el Veraneante; lo único que le importa es disfrutar, le da igual que yo me arruine! ¡Y encima me lo restriega como si lo que quisiera es demostrarme que él no tiene esos problemas...!».

Y, tras ello, la comunicación del Agricultor es probable que empiece a ser agresivo-defensiva mezclando hechos, opiniones y sentimientos como si todo fuera lo mismo sin ser consciente de que ello es como mezclar «churras con merinas». Los pensamientos que nacen al vislumbrar la amenaza a su necesidad básica de mantener su patrimonio y no arruinarse le disparan unos sentimientos que le llevan a hacer comentarios y valoraciones sobre la conducta de su amigo el Veraneante. Muy probablemente le puede llevar a conversaciones o discusiones supuestamente gobernadas por la lógica y la racionalidad, pero que sin embargo resultan absurdas pues están guiadas realmente por unos irracionales sentimientos que determinan su pensamiento y condicionan su actuar. Los sentimientos del Agricultor no pueden tampoco ser objeto de discusión; únicamente podrán comprenderse y respetarse en cuanto tales. Razonar en esos contextos, no solo no ayuda, sino que resulta contraproducente. Solo permitir que el tiempo los desinfle puede resultar útil.

Seguro que todos los lectores han presenciado situaciones en las que se dan fenómenos similares a los descritos. Es algo común y propio de la naturaleza humana. Este tipo de análisis resulta por ello igualmente aplicable a cualquier tipo de relación que se da en nuestra vida. Relaciones en el matrimonio, con nuestros hijos, y también dentro de una empresa cuando vemos amenazado nuestro estatus o reconocimiento profesional, o cuando vemos frustradas nuestras expectativas de ascenso... Cuando sentimos la amenaza de nuestras necesidades o expectativas se producen en nosotros pensamientos que nos llevan o despiertan sentimientos que nos sacan de nuestra mejor versión y nos convierten en unos malos conversadores o razonadores. Las personas que presencian estas situaciones sin estar implicadas pueden observar este fenómeno con facilidad. Pero lo normal es que el afectado, no solo no sea consciente, sino que lo niegue y suela incrementar su enfado cuando se le dice.

Solo el trabajo continuo en el conocimiento y crecimiento personal nos pueden llevar a incrementar la conciencia de estos fenómenos cuando se producen en nosotros y a entrenar el músculo de la serenidad y el auto-control ante situaciones en las que nuestros sentimientos quieren ponerse a los mandos de nuestra razón y nuestras actuaciones convirtiéndonos en «estúpidos razonadores». Debemos sobreponernos a la fuerza de los sentimientos y asegurar que la serenidad nos permite recuperar el control de nosotros mismos para aplicar sensatez en nuestras actuaciones y argumentaciones.

EXPERIENCIAS, CREENCIAS, SENTIMIENTOS Y EMOCIONES, EL UNIVERSO DE LOS MATICES

Ya hemos visto cómo cada persona a lo largo de su vida y en relación con cada historia o situación desarrolla su sistema de creencias, sentimientos y emociones y conforma ineludiblemente un entorno de reglas del juego y de preferencias y criterios para la interpretación de los hechos. Se trata necesariamente de algo único de cada persona. Posiblemente las personas comparten con su entorno social las líneas de trazo gordo, pero su interpretación y sus matices y peculiaridades propias hacen que el sistema de reglas y los criterios para su interpretación sean particulares. Por ello, jamás se podrá declarar con certeza y rigor matemático que algo es universalmente razonable. Lo que lo es para mí no lo es para el de mi lado. Solo podría compartirse un juicio de razonabilidad igual entre dos personas que tuvieran un sistema igual de creencias y la misma acumulación de experiencias transformadas en sentimientos y emociones. Y ello es sencillamente imposible en el universo de los seres vivos creados y desarrollados en la naturaleza espontánea. Pues, por más parecidos que resulten la naturaleza y la historia de dos personas, siempre existirá un universo de matices que hacen a cada persona única y diferente a las demás. Unos mismos hechos son vividos de forma diferente por cada persona lo que da lugar a la conformación de diferentes recuerdos de experiencias. Por supuesto queda a salvo el universo de la matemática y similares en los que no caben matices y la razonabilidad de un argumento o proposición puede por tanto darse con rigor al tratarse de campos en los que la reflexión no conlleva una emocionalidad asociada.

Y es en ese terreno de los matices, donde en muchas discusiones entran con protagonismo los aspectos emocionales y de sentimientos, llevando las conversaciones del campo de la racionalidad bien entendida a una racionalidad distorsionada y muchas veces destructiva. Pues la emoción, los sentimientos, las preferencias, las creencias, no son sino elementos a los que hay que aplicar la razón. Y las personas hablamos de tener y no tener razón cuando lo que ocurre es que no formulamos de forma idéntica las reglas a utilizar en el juicio de razonabilidad, especialmente en lo que se refiere a la priorización y ponderación de los criterios y valores a aplicar en ese juicio de razonabilidad. El peso de nuestras vivencias trasformadas en sentimientos deja el recuerdo de experiencias que se reviven ante hechos actuales generando atractivo o rechazo a cosas. Los mismos hechos, interpretados desde perspectivas y experiencias vividas distintas, producen la impresión de ser supuestos de hecho distintos para cada persona.

Las discusiones acaloradas normalmente tienen su origen en la falta de consenso sobre el significado, la amplitud, los límites conceptuales y connotaciones de cada término utilizado en nuestro lenguaje. Sin darnos cuenta pensamos que discutimos de cosas cuando lo que ocurre es que discutimos indirectamente sobre quién hace un uso correcto del lenguaje según reglas «generalmente aceptadas». De alguna manera, aunque usemos el mismo idioma no usamos el mismo lenguaje, pues la relación de cada persona con cada palabra hace muy singular/personal cada término hasta el punto de parecer que no estamos hablando el mismo idioma. Esas vivencias grabadas a las que acabo de referirme crean infinitos matices de valoración o, lo que es lo mismo, de creación de criterios de jerarquía y ponderación de los valores a utilizar en la ecuación de razonabilidad. Y ello sin entrar en las distorsiones que generan en las conversaciones o discusiones los tonos y actitudes (ironías, acusaciones...) puestos sobre unas mismas palabras, como luego veremos.

Se producen también discrepancias, no siempre expresas, en la configuración e interpretación de los supuestos de hecho que se someten a análisis. La amenaza a nuestras necesidades y expectativas pone diferente peso o atención en algunos de los aspectos que conforman un supuesto de hecho complejo. Como ya hemos visto esa amenaza genera pensamientos que nos llevan a sentimientos y miedos que a su vez secuestran nuestra limpia capacidad de razonar.

En función de nuestra historia y de las vivencias en torno a un asunto, recibimos unos mismos hechos como aceptables o inaceptables, buenos o malos. Cada uno, en nuestro momento emocional, tenemos unas reglas de juicio de razonabilidad o de un teórico concepto de justicia que se encuentra necesariamente ponderado por un sistema de valores, con pesos y prioridades personales específicos. Es el papel de la emoción en el juicio de la razón que inevitablemente está siempre presente en la razón humana.

Para ilustrar lo expuesto en este apartado haré una trascripción de una historia semi inventada que utilizo profesionalmente para ayudar a las personas a entender las distintas perspectivas que se producen ante situaciones conflictivas en función de la posición y vivencia de cada parte. Se trata de una historia que nos podría pasar a todos estando en una u otra de las posiciones que se explican, ambas expuestas en primera persona. La primera perspectiva es la de un conferenciante a quien su asesor de comunicación parece fallarle antes de una importantísima conferencia. La segunda es la del asesor de comunicación que no se siente culpable ni mucho menos de las incidencias que han ocurrido.

Una historia que nos puede pasar a todos

El relato del conferenciante:

Hace unas pocas semanas estaba esperando recibir de mi asesor de comunicación una presentación en PowerPoint con la que debía dar una conferencia ante un importante público… El tema me tenía muy nervioso ante la trascendencia profesional del evento para mí.

A las 18.00h de la tarde, la víspera de la conferencia recibo la presentación con graves errores. Los gráficos y las ilustraciones estaban todos equivocados y no podían ser utilizados como guion y apoyo en mi conferencia.

Mi necesidad de reconocimiento frente a un cliente del que dependo económicamente y la necesidad de conseguir un nuevo contrato con importante volumen de ingresos dispara una alerta en mi interior y anticipa un miedo escénico. Me veo haciendo el ridículo en la conferencia. Siento además pánico ante el riesgo de perder una fuente de ingresos necesaria para el sostenimiento de mi empresa y consiguientemente de mi familia.

Este miedo me provoca un tremendo enfado que secuestra mi mirada y forma de actuar. Pienso que la tardanza en la entrega del trabajo y los graves errores que contiene se deben a que mi asesor ha dado prioridad a otros clientes y me siento no respetado e indignado por ello. «Es un impresentable, se va a enterar…» mascullo en mi interior.

Actúo sin pensármelo dos veces desde ese enfado tremendo y llamo por teléfono a mi asesor, pero mi espontaneidad emocional me impide mantener un diálogo constructivo. Desde el primer momento mi enfado me lleva «al ataque» y la cosa va mal. Él se coloca en actitud defensiva y no escucho lo que me explica pues solo estoy pensando en responderle.

La conversación con mi asesor me lleva a una ira que me ciega e impide buscar una fácil solución al problema. La tensión y los reproches recíprocos se elevan y se produce la anti-comunicación.

Mi conferencia resultó finalmente bastante mediocre y unos días después me di cuenta de que si le hubiera explicado serenamente a mi asesor lo importante que era para mí tener la presentación corregida para el día siguiente, él habría subsanado los errores esa misma tarde-noche.

El relato del asesor de comunicación:

Recientemente uno de mis clientes importantes para mí me pidió un trabajo de preparación de una conferencia para una fecha para la que me resultaba prácticamente imposible hacerlo por acumulación de trabajo. Su insistencia y presión, unidas a la antigüedad de nuestra relación profesional, me llevaron finalmente a aceptarlo, si bien para poder cumplir el plazo acordamos un calendario estricto en el que yo debería recibir la información necesaria a tiempo para la preparación de la presentación.

Lamentablemente la información me llegó dos días más tarde de lo previsto y carecía de la claridad necesaria, que solo pude obtener tras intentar, sin éxito en varias ocasiones, hablar por teléfono con mi cliente. La falta de información me producía un estado de estrés importante pues temía no llegar a tiempo con un trabajo de calidad y por ello le perseguí intensamente.

La víspera del día de la conferencia, desde muy temprano estuve intentando hablar por teléfono con él, pero no respondió a mis llamadas hasta las 16:00 h de la tarde a la cuarta ocasión en que lo llamé. Además, cuando hablé con él estaba atendiendo otros temas y no fue suficientemente claro en las explicaciones que me dio, lo que me hizo sentirme de alguna manera despreciado en mi necesidad de tener aclaraciones para hacer el trabajo correctamente.

Ese día yo tenía que asistir a la celebración del cumpleaños de uno de mis hijos que empezaba a las 20:00 h de la tarde. A pesar de avisárselo a mi cliente y de ofrecerle mi disponibilidad hasta cerca de las 20:00 h, no fue hasta esa hora que recibí su llamada en un tono bastante energúmeno. Yo ya me estaba poniendo el abrigo para salir con retraso hacia la celebración. Llegaría tarde al cumpleaños de mi hijo al haberme quedado esperando para buscar una solución y encima él me reprochaba que «me daba igual su trabajo porque yo tenía otros clientes más importantes». El enfado que me provocó disparó mi primera respuesta contribuyendo a un recíproco abanico de reproches nada constructivo.

El asunto terminó en una profunda crisis en la relación y un deficiente material de apoyo para la conferencia. Unos días después me doy cuenta de que si hubiéramos hablado con tranquilidad y comprendiéndonos el uno al otro podríamos haber subsanado muy fácilmente los errores que efectivamente existían en la presentación. Tener razón no me sirvió para nada.

¿Quién tiene razón en esta historia? Seguramente las dos partes. ¿Cuánto pesa en el resultado final cada uno de los argumentos de uno y otro?

Como explicaba en la referencia hecha al libro *La caja* en un apartado anterior y en el que esta historia se inspira, su observación nos muestra como es habitual que el miedo y el afán de defender nuestras necesidades nos lleven a aferrarnos a la búsqueda de la razón y al reproche. Ello, lejos de acercar y provocar un entendimiento pragmático entre las partes, genera un alejamiento y la anti-comunicación, impidiendo una solución. Son las diferentes perspectivas las que definen supuestos de hecho diferentes en cada parte a la hora de juzgar si las cosas son o no razonables y si se ha cumplido o no con lo comprometido. Las vivencias de cada parte conforman distintos escenarios o universos para cada una a los que aplicar la razón y juzgar la situación. Por ello al final todos tienen su parte de razón. O, dicho de otra forma, todos tienen razón desde sus respectivas perspectivas.

LAS DIFERENTES PERSPECTIVAS, EL TINTE EMOCIONAL

Pocas dudas quedan de que, en las relaciones humanas, la historia personal de cada uno condiciona la lectura e interpretación de cada palabra o frase que se escucha en una conversación. Pero, además de ello, el factor de la intención y el tono de quien habla y emite sus mensajes, con una u otra actitud, multiplica la ya infinita gama de matices de cada ser humano a la hora de recibir y entroncar unos contenidos (palabras) escuchados para evaluar su razonabilidad. El receptor, ante la misma «sustancia informativa» recibida puede considerar razonable algo que escucha, o bien rechazarlo por ser inapropiado, incorrecto o injusto en función de los tonos, actitudes traspiradas e intenciones...

Aunque técnicamente la razón y el juicio son cosas distintas, en el uso coloquial y en su integración espontánea en nuestras vidas son primas hermanas. Y son por tanto conceptos que se hacen muy difíciles de distinguir, especialmente cuando se aplican desde la perspectiva de cada persona. Seguramente en nuestra sociedad, en nuestro idioma, el que considera que algo es razonable difícilmente pensará que es injusto. Y lo mismo podría decirse al revés.

Pero, en línea con lo avanzado al tratar la disección efectuada para la explicación de lo que son los hechos, las opiniones, los sentimientos y las necesidades, el conflicto o problema de falta de entendimiento se incrementa con la inclusión de aspectos, comentarios o tonos bañados en un tinte emocional en conversaciones supuestamente racionales y basadas en hechos que han ocurrido. Me refiero al uso de ironías, sarcasmos, dobles intenciones, tonos o actitudes agresivas, defensivas o de ignorancia o desprecio. Tan pronto como dicha práctica entra en juego, la emocionalidad se convierte en la protagonista de la conversación, aunque disfrazada de argumentos secuestrados por esa emoción. La importancia de los contenidos pasa a un segundo plano y la de las intenciones y mensajes escondidos al primero. Las conversaciones pasan a moverse en clave de agresividad o defensa, que poco consiguen para construir cualquier entendimiento. Estamos ante un uso destructivo de nuestra capacidad de razonar como consecuencia de la multiplicación del factor emocional producido por dichos tonos y actitudes. La razón ya no la dirigimos a conocer o interpretar la verdad sino a defender nuestra posición, o lo que es lo mismo, a una «lucha de poder» en sentido amplio.

Por tanto, en la medida en que los tonos empleados con unas mismas palabras y contenidos aderecen los mensajes con reproche, desdén, acusación, actitud defensiva o agresiva etc., la separación del territorio de la razón y de la emoción se confunden y fusionan de una forma diría que inseparable y no desligable. Y en tales casos, incluso como observador externo, la valoración de si algo dicho por alguien en una discusión con otro es razonable o no se hace imposible pues la razón pierde su usabilidad de forma efectiva.

Solo una parada y el enfriamiento de la conversación permitirán desenganchar la emocionalidad. Y trascurrido un tiempo podremos reiniciar una ordenada y razonable conversación, administrando adecuadamente el uso y tratamiento de los hechos, las opiniones y los sentimientos, y con la habilidad para no provocar con cualquier inapropiado comentario, ironía o reproche un nuevo disparo que nos lleve de vuelta a esa emoción. Y esos disparos se mueven asociados a palabras, tonos, acusaciones...

Por ello, en las conversaciones difíciles, la razón pierde muchas veces su utilidad para la comunicación. El enfriamiento del paso del tiempo o la ayuda de un tercero capaz de facilitar el orden y la serenidad en el tratamiento de esas cuestiones pueden permitir la recuperación de un diálogo constructivo dirigido a resolver de forma pragmática una diferencia entre dos personas. Una solución que provendrá de recuperar el buen uso de la razón, que necesariamente deberá integrar la emocionalidad de los afectados como factores o variables de la ecuación, aunque con la mayor separación posible intelectual entre razón y emoción.

LA RAZÓN, INSTRUMENTO DE AYUDA

La lectura de los anteriores apartados muestra con claridad cómo la razón es una herramienta que, con propiedad o no, utilizamos para la defensa de nuestra posición en las relaciones con los demás.

Al igual que un destornillador no tendría ningún sentido como concepto si no existieran los tornillos, la razón como función cerebral humana tampoco la tiene si no tiene su «para qué». Y de la misma forma que el destornillador tiene su «para qué» en la existencia de los tornillos, la razón solo puede tener su «para qué» como supuesta ayuda a quien es usuario de la misma. Por ello, la razón debería necesariamente ser una herramienta útil para quien la usa o para la sociedad o el entorno de quien la usa para la consecución de un fin. Seguramente se tratará de un fin conectado de una u otra forma con la supervivencia y la conservación del individuo y/o de la especie humana o con la búsqueda de su bienestar. O, lo que es lo mismo, en un plano más inmediato, con la satisfacción de las necesidades y la protección de «lo nuestro». Y es esta característica de la razón, como una capacidad al servicio de nuestras preferencias y deseos, la que provoca los fenómenos descritos de sometimiento, interferencia o secuestro emocional de la razón, pues son nuestros sentimientos y emociones los que en última instancia gobiernan lo que nos gusta y lo que no, nuestras preferencias. Son esos sentimientos y las emociones «los que sienten y padecen», siempre al servicio de nuestra supervivencia y necesidades. La razón, por el contrario, es fría, metálica y ni siente ni padece, salvo cuando entra en la auto-tortura de agitación de pensamientos y obsesiones disparados por la emoción del miedo.

¿TIENES RAZÓN? DEPENDE...

Al igual que el destornillador tiene una naturaleza física que se puede describir como un objeto alargado con al menos una parte metálica y un mango, la razón debe también poder ser objeto de descripción más allá de su aspecto funcional. Y entrando en esa definición me atrevo a llamar razón a aquello que, como mero concepto en el mundo de las ideas, respeta unas reglas de coherencia con una serie de criterios y convenciones que se han establecido como marco de referencia en el que ella debe operar. Por tanto, sin un marco de referencia con unas convenciones, reglas y definiciones conceptuales, la razón no puede existir ni someterse a verificación de si existe o no. El test de razonabilidad de las cosas exige ese marco de referencia y campo de juego bajo unas reglas determinadas. Para saber si algo es razonable necesitaremos saber cuáles son los criterios o la lógica de esa razonabilidad. Por ello, en el mundo de las ideas, la sustancia y forma de la razón se llama «coherencia». O, lo que es lo mismo, respeto de las reglas o cánones vigentes dentro de ese campo de juego.

En un marco de referencia perfecto, como podría ser el universo de la matemática, la razón no debería admitir controversias u opiniones sobre si existe o no. Se trata de un universo de reglas y convenciones, con su propio lenguaje perfecto, en el que solo cabe verificar si se cumplen o no los parámetros de coherencia para concluir que algo es razonable o sencillamente correcto dentro de ese sistema.

Pero todo es muy distinto cuando queremos aplicar la razón a la búsqueda de legitimidad frente a las posiciones de otros, o bien a demostrar que en algo «tenemos razón» cuando de ello dependen cosas que de una u otra forma nos interesan o afectan. Por tanto, en el universo social en el que se produce una discusión entre dos personas ¿cómo determinamos lo que es razonable, quién tiene la razón? ¿Será más razonable lo que se describa con un mejor relato o lo que diga el que chilla más? ¿O el que diga un juez que tiene la razón? ¿Cuáles son esas reglas precisas para encajar en ellas la coherencia? La respuesta será siempre «depende» pues en el plano humano en el que existen emociones, interpretaciones y valoraciones, la razón nunca será algo objetivo sino algo relativo o subjetivo como hemos venido mostrando. Existen distintos códigos en cada sociedad y dentro de cada uno de nosotros para establecer criterios o principios prioritarios de lo que es correcto, justo o razonable con distinto peso para cada persona.

Por tanto, algo «razonable» es algo que respeta, de verdad y sin lugar a discusión, el conjunto de reglas principios etc. que sirven de base para juzgar su razonabilidad. Y algo que es verdad o correcto es algo que mantiene un perfecto respeto a ese sistema de normas, criterios, fuerzas, convenciones. Y cualquier desequilibrio o distorsión en un juicio de razonabilidad será debido a una imperfecta aplicación de la razón o bien a una modificación de las reglas y convenciones que conforman el entorno o campo de juego. Ello se produce por el mero paso o evolución del tiempo o por la subjetividad de cada persona que atribuye significados diferentes (o matices diferentes) a cada concepto en el lenguaje utilizado en el proceso lógico racional. Además, cada persona puede vivir con creencias que le llevan a aplicar distintos criterios, reglas o principios en el juicio de razonabilidad. Podría decirse que solo será posible someter algo a la verificación de su razonabilidad cuando existan unos criterios uniformes y consensuados a aplicar en esa situación. Lo que respete esos criterios, y solo eso, debería ser considerado razonable.

Por ello el segundo elemento de la definición de razón, si se quiere que esta sea perfecta, debe ser su necesaria vinculación con un entorno, con unas reglas, convenciones y lenguajes que permitan la verificación de esa idea de coherencia en lo que se refiere al respeto de todo lo que sea aplicable para determinar el grado de razonabilidad de una reflexión o manifestación. Es decir, para afirmar que algo es razonable necesitamos conocer bajo qué criterios y principios. O lo que es lo mismo, tendremos o no razón en algo dependiendo de con qué lógica y desde qué perspectiva se mire.

EL TEST DE RAZONABILIDAD

El test de razonabilidad tiene que proyectarse sobre unos hechos o conjeturas que conforman los elementos sobre los que verificar si respetan esa relación de coherencia con esa serie de principios y reglas del juego, que hemos comentado, aplicables en el entorno en el que se produce la evaluación. En el campo de las relaciones, lo razonable en el juicio humano debe necesariamente ser aplicado sobre una forma de estar, de ser o de actuar y exige claridad de los criterios, normas, principios que han de aplicarse con sus correspondientes jerarquías y ponderaciones cuando deben convivir varios principios, reglas o valores que puedan tener de alguna manera puntos de conflicto excluyentes, tales como la libertad y la justicia, lo pragmático y lo éticamente correcto...

Pero es habitual que ante dos personas en discusión que buscan determinar lo que es razonable se produzca una «discrepancia fantasma» respecto de los hechos que se someten a valoración o juicio. A menudo dos personas, mirando unos hechos o escuchando unas palabras, interpretan o ven cosas distintas, lo que lleva a que, incluso aplicando las mismas reglas de lógica y razonabilidad, cada parte llegue a conclusiones distintas al aplicarlas sobre hechos (o matices) subjetivamente diferentes. Y digo que son «discrepancias fantasma» pues la indignación del desacuerdo en las conclusiones lleva a las partes en discusión a no ser capaces de ver que la discrepancia no está en la lógica sino en la confusión o distorsión de los hechos que son el punto de partida. ¿No es eso lo que ocurre en los distintos relatos del conferenciante y del asesor de comunicación descritos en el apartado «Experiencias, creencias, sentimientos y emociones: el universo de los matices»?

LA RAZÓN, PERFECTA Y ÚNICA

En un entorno de reglas y convenciones adecuadamente definidas, la razón debería ser única y perfecta. Ningún juicio de la razón debería producir un resultado distinto si la razón está bien aplicada y el sistema de reglas y conceptos utilizados que conforman un entorno es completo, correcto y estable. Pero ¿existen realmente supuestos en nuestra vida de relaciones entre unos y otros en los que convivan ese rigor en la determinación de las reglas y la identificación de los hechos junto con esa pureza de juicio que se requiere para que la razón sea perfecta?

Será difícil que nos encontremos con esos hipotéticos supuestos. Y por ello las imperfecciones del juicio de la razón no lo serán tanto por existir una variedad de razones sino por una distinta apreciación subjetiva de los hechos o por distintos matices interpretativos de las convenciones, conceptos o reglas del juego aplicables. Si se aplican distintas reglas del juego por las distintas personas no existirá nunca acuerdo para determinar la plena razonabilidad de un razonamiento. No obstante, las personas, movidas por nuestros instintos, emociones y orgullos, trataremos normalmente de defender que nuestros argumentos son razonables pues de ello se derivarán mejores consecuencias para mí que si se determina que «no tengo razón». Este uso de la razón en la sociedad sin duda la prostituye o corrompe, con el consiguiente deterioro de su valor. Digamos que en tales casos la argumentación hace un flaco favor a la verdad. Pero no nos engañemos: nuestra sociedad hoy vive instalada en una total falta de verdad entendida como coherencia con un sistema de reglas y principios generalmente aceptados. Más bien al contrario, cada grupo defiende sus intereses con argumentos dialécticos (y emocionales en muchos casos) que no mantienen relación de coherencia con ningún sistema de reglas y principios.

¿Será porque no hay hoy ningún sistema de valores y principios generalmente aceptado? ¿O será que hoy admitimos a la ligera relajarnos en el respeto de nuestros principios cuando es para defender «nuestra causa»? Muchos importantes líderes del mundo son buen ejemplo de esto. ¿O quizá será también que la sociedad se ha hecho muy superficial y ya no sabe razonar? También esto creo que es cierto.

En el mundo matemático no existen controversias que den entrada a emociones y confrontaciones humanas. En ese mundo nadie discute si la solución a un problema es correcta o no. La corrección no se discute, sino que se verifica sin que quepan soluciones medio correctas. Pero en el mundo humano, con un entorno de intereses cruzados, de relaciones sociales y lenguajes sujetos a interpretación y con distintas connotaciones en cada palabra, nada puede ser objeto de esa fría verificación matemática o juicio de razonabilidad. Pues las variadas y sesgadas reglas del juego y la falta de un rigor matemático en la definición de cada vocablo de nuestro lenguaje dejan espacio para infinitos matices, connotaciones... Se producen así tantas versiones o lecturas de las cosas como personas las interpretan, al estar afectadas por la vivencia subjetiva de cada persona al utilizar o interpretar un vocablo u otro. Y esto último a su vez estará condicionado por nuestros intereses (conscientes o inconscientes) y por nuestra mochila de experiencias positivas y negativas, costumbres y creencias que cada uno arrastra. Y así se llega a caer en la «sinceridad intencional», pero con falsedad en la sustancia que ya hemos comentado.

EL USUARIO DE LA RAZÓN, EL CONFLICTO DE INTERÉS DE LA CABEZA PENSANTE

Como el destornillador, que requiere de alguien que lo use, la razón solo puede ser aplicada por una cabeza pensante que elabora los argumentos y el juicio de razonabilidad. Se trata de un usuario que debería ser consciente del ejercicio de la reflexión que está efectuando. Digamos que una persona que usa la razón somete algo a su juicio de razonabilidad llevándole ello a pensar que es bueno o malo en función de los criterios y convenciones que haya puesto, consciente o inconscientemente, en ese marco de referencia o entorno en el que opera el juicio de razonabilidad. Por tanto, para su correcto funcionamiento, el acto de juicio, de argumentación o el test de razonabilidad deben ser siempre conscientes, si bien los elementos y criterios que se usan para ello pueden no estar muy explicitados o incluso ser inconscientes. Cuando estos elementos y criterios son inconscientes y están influidos por la implicación e intereses de quien razona se producen a menudo distorsiones en el juicio limpio.

Seguramente pocas personas tienen la capacidad de hacer juicios de forma imparcial o independiente. Es imparcial o independiente aquel que aplica unos criterios y explicita sus conclusiones con independencia de que la lógica y la razonabilidad le lleven a algo positivo o negativo para él. Y siendo ello, como digo, algo excepcional, puede afirmarse que en casi todos los juicios o análisis de razonabilidad se dan las distorsiones que se derivan de los intereses y condicionamientos de quien juzga estando implicado. En tales distorsiones, los intereses jugarán disfrazados de nuevos y artificiales argumentos o de la omisión o distorsión de información o de factores clave a evaluar.

Este fenómeno por el cual cada persona argumenta permanentemente disfrazando sus intereses en «supuestas razones objetivas» es el que provoca un mundo tan confrontado y polarizado donde todos argumentan sobre informaciones, datos y con reglas sesgadas y lejos de una honestidad en el juicio o evaluación de la razonabilidad de las cosas. Y sobre todo sin respeto al marco de principios y valores que confirmaríamos como adecuados cuando nuestra posición no es interesada. En definitiva, la razón aparentemente la dirigimos a la búsqueda de la verdad cuando en realidad se dirige a la defensa del poder y de la posición del que hace uso de ella. Es un conflicto de interés entre la rectitud de intención y la coherencia del usuario de la razón y sus propios intereses.

Solo las personas que son capaces de trascender su posición o juzgar desde una perspectiva disociada de sus intereses podrán efectuar juicios de razonabilidad honestos y fiables.

PERO ¿PARA QUÉ RAZONAMOS?

El ser humano utiliza la razón de forma limpia y respetuosa con su esencia en el campo de la matemática, la física y la ciencia en general. En dichos campos el propósito del uso de la razón no es otro que la búsqueda de la verdad. Y así y gracias a ella, junto con la experimentación, la ciencia va trayendo enormes avances para la humanidad.

Pero más allá de esos ámbitos, en el campo de las relaciones el uso que hace el ser humano de su razón cuando está implicado en una situación no suele dirigirse a la búsqueda de la verdad, sino que suele estar orientado a otro propósito. Lo que llamamos bueno o malo debe de ser parte, necesariamente, de ese sistema de reglas o convenciones para verificar si algo es o no correcto o bueno. Y el primer factor a tener en cuenta para evaluar si algo es bueno o malo debe ser la respuesta a la pregunta: ¿bueno para qué o para quién? Creemos a menudo en el uso de los términos «bueno» y «malo» como si fueran conceptos universales, inmodificables y compartidos por todos. Pero nada está más lejos de la realidad. Lo que para mí es bueno puede ser muy malo para ti. Lo que es bueno para un país puede no ser tan bueno para otro... Y la realidad es que conseguir ponerse de acuerdo en que algo es bueno, para todos y siempre, es sencillamente imposible. Inevitablemente el concepto de bueno o malo implica subjetividad.

Por ello, para juzgar la bondad o corrección de algo es imprescindible la traducción de los términos bueno y malo a criterios de definición que permitan su verificación con la objetividad que deben tener los procesos basados en la lógica, la razón y la reflexión. Pues la razón necesita de objetividad si no quiere salirse de su propia definición e invadir confusamente los territorios de la emoción, el deseo, el sentimiento etc.

Cada vez que una persona piensa o razona, si quiere que su pensamiento sea razonable y coherente deberá hacerlo al servicio de una finalidad, de obtener una conclusión sobre una duda para la consecución de algo. En ocasiones es cierto que ese algo bien puede ser únicamente una finalidad lúdica o de entretenimiento mental que bien podría calificarse de «filosofar», pero ello no es lo habitual.

Aunque pueda extrañarnos, la realidad es que vivimos en una sociedad que se pregunta muy poco el por qué y el para qué de las cosas que se someten a análisis o decisión. A menudo ello deriva en conversaciones o discusiones con poco sentido o sin rigor intelectual. Supuestamente decimos que razonamos, pero lo hacemos con argumentos grises, sesgados, interesados, que nos llevan a múltiples discusiones que no se darían si nos planteáramos ese por qué y ese para qué y desarrolláramos el razonamiento progresivamente con una secuencia de pasos lógicos y concatenados.

De alguna manera el uso que generalmente hacemos de la razón es el de una «máquina de engañar» en nuestras relaciones sociales. Lo vestimos con la supuesta legitimidad de buscar una verdad lo más objetiva posible, cuando la verdadera y última intención en la mayoría de los casos es la defensa de los intereses de quien razona, sea o no consciente de esta falta de coherencia intencional.

¿RAZONABLE, BUENO O JUSTO?

Debemos siempre tener el cuidado de distinguir entre lo que es razonable y lo que es bueno. Puede haber cosas razonables que no consideremos que son buenas. Quizá esta contradicción nos lleva a la conclusión de que la razón por sí sola es inútil, pues solo tiene sentido la razón que está al servicio de medir o evaluar algo que interesa a alguien. En cualquier caso, como acabamos de ver, para poder decir de forma razonada que algo es bueno necesitamos antes haber contestado a la pregunta: ¿bueno para quién? ¿Para mí, para mi familia, mi ciudad, mi país, la humanidad, para el comercio mundial...? Igualmente debemos preguntarnos: ¿bueno para qué y para cuándo? ¿Bueno para disfrutar ahora o en el futuro, para ganarme la vida o para disfrutarla... para alargar la vida o para vivir de verdad...? Pero en general usamos el término bueno sin rigor o precisión alguna en cuanto a su ámbito y casi siempre sin ser demasiado conscientes que con carácter general es bueno lo que es bueno para mí.

Por ello también confundimos a menudo lo razonable con lo justo, aunque son conceptos muy distintos. Podemos tener argumentos muy razonables, pero ser a la vez muy injustos. Pues la razonabilidad, como hemos dicho, se ha de aplicar sobre unos hechos con unos principios y reglas predeterminadas sin más y con un por qué y para qué determinados. Sin embargo, la justicia lo que debe verificar es si los principios o decisiones que se aplican son o no justos, lo que está referido a variables o principios distintos y donde la racionalidad juega solo en muy segundo plano.

Solemos empeñarnos en que las cuestiones sobre la justicia se pueden juzgar desde la razón. Pero ello no es correcto pues la razón podrá evaluar lo que es más útil para una colectividad, lo que es deseable que ocurra en una comunidad para su buena convivencia y supervivencia. Puede juzgar y establecer normas para determinar cómo repartir la riqueza para generar más riqueza, y como ello muchas cosas más. Pero nada tiene que ver la razón con los criterios para determinar cómo se debe repartir la riqueza creada. ¿Debe la riqueza ser para el que la consigue con su trabajo o para el que tuvo la idea de poner a trabajar a otras personas para generarla? ¿Es justo que en los mercados unos hábiles jugadores en ese campo de juego succionen la riqueza fruto del esfuerzo de muchos generando enormes desigualdades? ¿O, alternativamente es justo que quien no hace nada sino chillar y reivindicar derechos y prestaciones obtenga unas prestaciones equivalentes a las de aquel que trabaja y se esfuerza por conseguirlas?

No tiene este libro pretensión de desarrollar el concepto de justicia. Pero sí me gustaría dejar claro que la justicia no se mueve o determina necesariamente con criterios de lógica racional. Más bien considero que los criterios de justicia son determinados con la visión de cada uno de lo que resulta equilibrado y justo o acorde con unas pautas que llevan al reconocimiento de premios y castigos a quien los merece y de acuerdo con cierto orden jerárquico de valores. Seguramente casi todos compartiremos una lista común de principios de justicia. Pero en caso de conflicto o de necesaria convivencia entre ellos, ¿cuál debe prevalecer y con qué peso?

Leía hace solo unos meses un libro de Amartya Sen (premio Nobel de Economía) sobre la justicia. Planteaba en él una situación teórica en un pueblo en el que hay tres niños y solo existe una flauta que todos quieren. Y se preguntaba a quién debía atribuírsele la flauta:

- Algunos pensarán que debe dársele a quien la sabe tocar
- Otros dirían que debe ser para quien no tiene ningún otro juguete
- Y por último otros dirían que debe ser para el niño que la ha fabricado

Y añado yo, como criterio, que quizá no deba corresponderle a nadie, sino mantenerse en un uso o propiedad compartida. Y sin duda la fijación de uno u otro criterio como prevalente en un sistema social de justicia promoverá unos u otros comportamientos de los ciudadanos. Al fin y al cabo, mucho de esto es la eterna discusión entre el marxismo y el capitalismo.

Podremos argumentar a favor de una u otra tesis, pero siendo honestos y más allá de argumentaciones utilitaristas, no es la razón la que tiene criterios para posicionarse en una u otra de las opciones. La discusión y los argumentos racionales en favor de un sistema u otro de premios y castigos en la sociedad no nos conduce a la averiguación de lo que es más o menos justo, sino a lo que es más pragmático para aportar riqueza material, paz, orden, eficacia social... Las distintas posiciones u opiniones en el terreno de la justicia se mueven mucho más en el plano de los sentimientos que en el de la razón, con claros condicionamientos por parte de la historia y trayectoria de nuestra vida como determinantes de esos sentimientos. ¿Será esto lo que llamamos ideología?

EL MÚSCULO DE LA IMPARCIALIDAD

Solo las personas que «trascienden su posición», o las no implicadas en una situación que miran y juzgan hechos que afectan a terceros, pueden emitir juicios de razonabilidad libres (o casi libres) de su personal emoción, estado de sentimientos y demás condicionamientos. Son ellos los que, utilizando únicamente cánones sociales de convivencia y de forma ponderada pueden aplicar las distintas convenciones para determinar en qué medida algo es verdad o no, justo o injusto, correcto o incorrecto.... Se trata en definitiva de posibilitar un juicio hecho a modo de «cuál sería la opinión mayoritaria de personas equilibradas y no implicadas en la situación».

Pero incluso en esos casos de observadores independientes y no implicados nunca será posible para ellos liberarse enteramente de los condicionamientos de su propia historia en la conformación de su propio criterio. Pues efectivamente la historia y las experiencias de cada uno son determinantes de nuestra mayor simpatía o antipatía hacia unas u otras cosas e interpretaciones. Y en esas simpatías se esconden muchas veces también condicionamientos y distorsiones que nos hacen considerar como bueno o correcto lo que a mí «me resulta normal, o más simpático, más familiar etc.». Es de hecho muy habitual confundir el concepto de «lo bueno» con el concepto de «lo que nos gusta» o «lo que nos resulta familiar».

Y en cuanto a las personas afectadas por una situación, solo podrán valorar las cosas con una mínima objetividad o razonabilidad si son capaces de disociarse o trascender de sus propias perspectivas, y consiguientemente de sus emociones o sentimientos (lo que entiendo que será imposible hacerlo de forma perfecta). Solo así podrán efectuar un juicio aséptico como si estuviera efectuado por una hipotética representación de la sociedad aplicando su sistema de convenciones generalmente implantadas o aceptadas.

A la vista de esto, solo el incremento de nuestros niveles de auto-conocimiento y consciencia nos permitirá identificar nuestros intereses, condicionamientos, preferencias, simpatías... y evitar influencias negativas en nuestra racionalidad que nos lleven a razonamientos poco coherentes. Esta ayuda del auto-conocimiento es de utilidad tanto a las personas implicadas en una situación como a quienes «desde fuera» quieran evaluar y ayudar a ordenar cualquier situación que afecte a terceros.

El músculo de la imparcialidad y de la independencia existe, pero hay que trabajarlo y entrenarlo si queremos tenerlo a nuestra disposición. Y para trabajarlo debemos buscar e identificar en nuestro interior la conexión con nuestros intereses o preferencias ante cualquier juicio o evaluación supuestamente racional que hagamos de las cosas. Es un entrenamiento que exige una combinación de trabajo emocional e intelectual de forma inseparable. Y desde luego coraje interno para aceptar lo que podamos ver como «nuestras vergüenzas» en ese viaje a nuestro interior.

SOMOS «FEELTHINKERS»

He mencionado, al comienzo de este libro, el término «*feelthinking*» para describir el estilo o género con el que escribo este libro. Un género que reconoce la inseparabilidad de forma pura y limpia de mi razón, por un lado, y mis emociones y sentimientos por otro. Es una cualidad o limitación propia del ser humano por la inevitable interrelación del funcionamiento de tales mecanismos a la que se refiere Antonio Damasio. Y por ello me atrevo a decir que todos somos «*feel-*

thinkers», y como tales causantes del deterioro de cualquier proceso de razonamiento puro cuando nuestros intereses están implicados en el análisis.

Fuera de la observación de los fenómenos de la naturaleza, el mundo de la física y la química o de las matemáticas, la razón pura no existe. En el mundo de las relaciones y razonamientos entre personas o grupos, esa inevitable vinculación del proceso de la razón con la emocionalidad y con la «valoración» de las cosas hace que la razón pura, como coloquialmente suele entenderse, no exista salvo para propósitos puramente lúdicos, filosóficos, de la naturaleza o de tipo matemático. Los avances científicos confirman cada vez de forma más firme esta inseparabilidad de la razón y la emoción, y por tanto, fuera de esos los citados ámbitos la razón es siempre imperfecta a ojos de un tercero que presencia una discusión sobre la razonabilidad de uno u otro argumento. Será necesario precisar si al pronunciarse ese tercero lo hace desde la perspectiva de uno de los argumentadores, desde la del otro o bien desde la perspectiva social o, lo que es lo mismo, la que se supone una perspectiva independiente (no interesada). Pues me atrevo a afirmar que, desde la perspectiva propia de cada uno, «todos tenemos razón».

Adicionalmente a esa permanente interrelación de razón, emoción y sentimientos, en ocasiones sufrimos también algunos sesgos que distorsionan nuestra capacidad de análisis y valoración de aspectos puramente fácticos, nublando la objetividad de nuestros juicios. Son el efecto de algunos condicionamientos que estadísticamente casi todos los humanos sufrimos.

Es un hecho que los procesos de uso de la razón se ven afectados por sesgos y distorsiones en la medición objetiva de las cosas, llegando a hacernos creer que algo es objetivamente más grande cuando objetivamente es más pequeño, o bien que algo tiene más valor medido en dinero cuando aplicando rigor en la medición es claro que tiene menor valor si se eliminan esos sesgos y condicionamientos. Es común por ejemplo que sobrestimemos nuestras posibilidades de ganar en un sorteo, o el valor de nuestra vivienda en comparación con el valor de otra idéntica. Por alguna razón si se nos pide estimar el valor de nuestra vivienda y el de otra idéntica, seguramente atribuiremos mayor valor a la propia, aunque ello nos lleve posteriormente a razonamientos y conclusiones erróneas que no nos benefician.

Son distorsiones que se producen a la hora de estimar y poner valor (económico o de otro tipo) o medida a las cosas. Y existen múltiples tipos de sesgos que, sin ser conscientes, nos afectan a la mayoría de las personas. Entre los más visibles y extendidos podríamos mencionar a modo de ejemplo:

- El de «aversión a la pérdida»: otorgamos mucho más valor a no perder mil euros que a ganar mil euros. Tenemos mucha más pena perdiendo 1000 euros que alegría ganando esos mismos 1000.

- Lo propio es más valioso: otorgamos a lo propio más valor económico del que estimaríamos para lo mismo si no nos perteneciera. Y ello aun cuando lo hagamos tratando de poner la máxima objetividad.

- Valoramos demasiado los regalos o el coste cero: distorsionamos nuestro juicio y evaluación de las cosas, solo por el hecho de recibir un regalo. El mundo comercial es gran experto en la explotación de este sesgo distorsionador de nuestro juicio usando técnicas de venta. Con el ofrecimiento *«dos meses gratis»* o el *«llévate una televisión gratis si...»* consiguen colocar a sus clientes propuestas onerosas que sin embargo ellos aprecian como un chollo u oportunidad.

- Sobrevaloramos nuestras capacidades; me maravillan en este sentido los resultados de encuestas tales como que «el 90% de la población considera que conduce mejor que la media». Son resultados que se repiten con esas tendencias en encuestas y experimentos realizados.

- El llamado «sesgo confirmatorio»: nos empeñamos en mantener nuestra primera opinión o posición manifestada ante algo. Y por más que aparezcan hechos nuevos que hacen evidente la improcedencia de nuestro posicionamiento, tendemos a mostrar cierta terquedad antes de admitir un cambio de posición.

Son solo algunos de los múltiples sesgos y condicionamientos que constituyen la base de las teorías de la Economía del Comportamiento o conductual que han sido reconocida con los Premios Nobel de Economía en los años 2002 (Daniel Kahneman) y 2017 (Richard Thaler). Parece que, tras muchos años de ser ignorada, la tozudez de los hechos y la realidad hacen que actualmente no quede más remedio que asumir dichas teorías, incluso por parte de aquellos más anclados en paradigmas de pensamiento económico tradicionales.

Admitamos todos ser carne de cañón de tales sesgos y condicionamientos, y si queremos ser «inteligentemente razonables», pongamos medidas para protegernos de ellos.

¿QUÉ ES LA RAZÓN INTELIGENTE?

Como ya hemos explicado, la razón es una herramienta que las personas tenemos para conseguir algo o huir de aquello que nuestro cuerpo nos sugiere a través de nuestras emociones y sentimientos más o menos perceptibles. La razón no tiene motivos ni preferencias. Esas preferencias no son parte de la razón sino un ingrediente para el funcionamiento de esta adaptado a nuestros intereses. Las preferencias no vienen de la razón sino de la condición animal de quien usa la razón, en última instancia de nuestros instintos y de los mecanismos ya vistos para nuestra supervivencia y satisfacción. Y esas preferencias se convierten en parte de esas reglas del juego que la razón somete a verificación de razonabilidad.

La razón no tiene por tanto preferencias pues «carece de vida», al igual que carece de ella un procesador electrónico. Es más bien un aplicador de criterios que le vienen dados en forma de preferencias, prioridades, deseos a satisfacer... Son preferencias (que vienen comunicadas por las emociones y sentimientos como mandatarios de los instintos) para hacer el juicio de razonabilidad. Pues los deseos de un ser vivo no pertenecen al mundo de la razón propiamente dicho. No obstante, sin esas preferencias la razón de una persona no puede funcionar, o al menos no puede hacerlo al servicio de sí misma.

Consecuentemente podemos afirmar que, si las emociones están al servicio de la vida, igualmente debe estarlo la razón, al estar supeditada a las emociones y los sentimientos. Y en términos genéricos o agregados así es. Nuestras emociones y nuestros sentimientos nos protegen estableciendo patrones de respuesta automatizados que se supone que tienen su origen en protegernos en la vida y conservar nuestra raza. Y la razón, cuando funciona acoplada a su finalidad de servicio a nuestra vida, consigue ayudarnos a vivir con mejores emociones y sentimientos positivos.

Ahora bien, ¡cuidado con la tozudez de las emociones y los sentimientos! Y para esa labor de vigilancia también está la razón. Ya hemos visto que la emoción y los sentimientos pueden a menudo secuestrar la atención y la capacidad adecuada de razonar llevando en esos casos a la razón a un funcionamiento distorsionado y dañino para nuestros intereses. Son esas las ocasiones en las que la razón, en forma de serena sensatez, debe doblegar la tozudez de la emoción y del sentimiento e imponerse decidiendo lo conveniente con una mirada más analítica y fría en la que considere nuestros intereses tanto en el corto como el largo plazo y opte por la solución equilibrada más adecuada. Es lo que llamamos actuar de forma fría y razonable para «desemocionalizar» nuestros actos. Dicho esto, y como veremos en el último capítulo de este libro, no es tanto la razón la que doblega a la emoción sino nuestra «sabiduría de vida» la que reparte el juego de una u otra manera entre la emoción, el sentimiento y la razón.

Son por tanto las emociones y los sentimientos los que pueden orientar la dirección en la aplicación de la razón a buscar la razonabilidad de nuestros comportamientos, entendiendo por razonable aquello que sirve para satisfacer ese mandato de supervivencia y reducir nuestro sufrimiento incrementando el gozo o bienestar. Y cuando la razón «escucha a la emoción y el sentimiento» y evita su secuestro, podremos decir que las personas utilizan su razón de forma inteligente e integralmente en beneficio de su persona, es decir ponderando y protegiendo los distintos intereses, emociones y necesidades con el equilibrio y el «algoritmo» de reglas que más convienen específicamente a esa persona. Podríamos decir también en ese caso que la persona actúa con sentido común y sabiduría de vida.

Una razón supeditada a nuestra supervivencia y bienestar podemos decir que es una «razón inteligente». Y así debería ser siempre, pues no cabe duda de que todos los órganos y facultades que se nos han dado se encuentran sometidos en su utilización al instinto de supervivencia con el que estamos programados y del que difícilmente podemos desprendernos. No obstante, no es difícil encontrar múltiples casos en nuestras vidas en los que el uso de la razón redunda en contra de nuestra felicidad personal llevándonos al sufrimiento. En otras ocasiones el empeño en luchar por mantener la razón nos ciega impidiéndonos ver que la defensa de nuestra razón lo es a costa del daño o debilitamiento de nuestros intereses.

En nuestra interacción social, ¿no es más fácil a veces (incluso diría que muy a menudo) hacerse uno el tonto y renunciar a tener la razón si ello facilita la consecución de nuestros objetivos? Sin duda la respuesta es afirmativa, pero la realidad es que a menudo la lucha por tener razón crea conflictos y tensiones donde no hay sustancia para ellos. En tales casos, la razón no realiza su labor en favor de quien la usa sino más bien en su contra.

La dificultad nace de saber qué es lo «que en última instancia» busca el que razona. Pues la emoción y el sentimiento se mueven en un contexto de automatismo o tiempo cero de reacción y procesamiento de la información, mientras que la razón se puede tomar su tiempo de reflexión y valorar (si la emoción se lo permite) estrategias de respuesta y comportamiento de mayor acierto que las derivadas de una orden emocional. Una reflexión serena puede llevarnos a la corrección de la voluntad o reacción emocional o sentimental para imponer un criterio racional y frío supuestamente más conveniente y práctico para nosotros con la ayuda de nuestra consciencia aumentada.

Pero cuando las cuestiones en discusión se encuentran asociadas y arraigadas a una fuerte emocionalidad la razón no sirve para dilucidarlas o resolverlas. Y cuando se intenta su uso, la razón se convierte en una herramienta destructiva para nuestros intereses. Por ello quien quiera meter a la razón en una conversación emocionalizada deberá esperar a tener desactivada o desinflada esa emocionalidad para poder usarla útilmente.

Nada está tan presente en nuestra sociedad discutidora como el vicio de buscar tener razón. A menudo los líos y conflictos nos empujan a preferir la razón a la solución. Ponemos nuestra razón al servicio de nuestro orgullo en lugar de hacerlo en nuestro beneficio.

Cuando una persona tiene el empeño de tener razón, si es inteligente, con capacidad retórica y dialéctica, siempre parecerá que la tiene. Pero ello no es sino una victoria en el deporte o juego del debate, que ganará quien mayor arte y entrenamiento tenga para ello. ¿Tiene más razón el que mejor debate? Salvo en concursos de debate, el empeño en la búsqueda de la razón suele llevar a victorias amargas cuando los dos contrincantes luchan por atribuírselas. Es cierto sin embargo que cuando la razón se nos reconoce, ello refuerza nuestro genérico poder o autoridad en la relación o en la sociedad.

Permanezcamos siempre vigilantes para no caer víctimas de nuestra razón y así mantenerla siempre como nuestra gran aliada.

UN MAPA-GUÍA PARA LA GESTIÓN DE NUESTROS CONFLICTOS

Leyendo este capítulo cuarto nos damos cuenta de la cantidad de conflictos en los que nos vemos sumidos en nuestro día a día. Y desde mi vocación de solucionador de conflictos, no puedo dejar de compartir con los lectores un mapa que a diario uso en mi trabajo para ayudar a las personas a «viajar del conflicto al acuerdo». Lo encontrarás en el Anexo 1 de este libro con unas breves explicaciones.

Recomiendo por tanto ante el conflicto, que nos hagamos dueños de nosotros mismos, de nuestro comportamiento y administremos bien nuestras distintas facultades de comprensión, empatía, análisis, reflexión, argumentación, comunicación y relación con los demás. Seguro que con ello conseguiremos vivir con mayor armonía en nuestras relaciones y alcanzar acuerdos mutuamente beneficiosos, huyendo del extendido vicio de empeñarnos en tener razón.

Resolver bien nuestras tensiones y conflictos nos procura la doble satisfacción de alcanzar razonablemente lo que buscamos y hacerlo siendo protagonistas de una relación constructiva en lugar de una de confrontación.

CAPÍTULO 5. GESTIÓN PERSONAL, EL ADMINISTRADOR DE NUESTROS MECANISMOS

Hay tres cosas extremadamente duras:
el acero, los diamantes y el conocerse a uno mismo.
Benjamin Franklin

«SER» Y «DEBER SER»

Se me cruza un coche indebidamente mientras conduzco y su conductor gesticula diciendo que me calle con cara de estarme insultando o poniendo a caldo a algún pariente mío. En mi «versión A» le insulto más, él responde y yo más alto, hasta que nos bajamos del coche y nos agarramos por las solapas. En mi «versión B», siendo yo el mismo, observo y digo para mis adentros: *«pobrecillo; además de hacerme 'la pirula' se enfada conmigo, debe estar muy mal».*

Las dos veces soy yo, pero parece que en una y otra ocasión han sido dos «sujetos» distintos los que han adoptado una u otra forma de responder, es decir, los que han tomado el volante de mi comportamiento.

¿Y quién prefiero yo que tome mi propio volante? ¿El que se acaba bajando del coche picado o el que se limita a hacer una compasiva reflexión interna que seguramente resulta mucho más pragmática? Yo prefiero a este segundo, pero puede haber gustos para todo. ¿Pero cómo debo entonces administrar en la vida mi capacidad de enfadarme espontáneamente para que la gente no se propase conmigo o abuse de mí? La respuesta nunca ha sido sencilla pues recordemos, como decía Aristóteles, que enfadarse adecuadamente es «cosa de sabios».

Este tipo de dilemas se dan en múltiples ámbitos de nuestra vida. ¿Quiero vivir estudiando el que más para sacar la mejor nota y llegar a ser premio Nobel o quizá eso no sea para mí? ¿Quiero ser muy trabajador o un poco viva la vida? ¿Quiero dedicarme a cuidar mi salud o prefiero pegarme una buena vida más entregado a los placeres, aunque sea a costa de vivir algo menos de tiempo? ¿Dónde está mi punto de equilibrio óptimo?

Pues bien, aun sabiendo que nunca encontraré una respuesta, me dispongo a trabajar en acercarme a lo que podrían ser unas pautas para llegar a algunas respuestas. No hay por tanto una respuesta sino más bien un equilibrio para cada persona que debería resultar de una adecuada interrelación de un conjunto de funciones vitales, cerebrales, sensuales, espirituales, y en definitiva humanas, que deben ser combinadas con un sistema de actitudes y estados de ánimo. La buena gestión y el funcionamiento de ese sistema nos permitirá atribuir el mando sobre nosotros mismos a quien quiera que sea que dentro nuestro nos conduzca llevándonos a ser «la mejor versión» de nosotros mismos. Y ese será el mejor conductor interno de los destinos que hayamos elegido en momentos de lucidez y serenidad y tras escuchar profundamente a nuestra alma, nuestro interior.

Comienzo por tanto el capítulo más difícil e incierto de este libro. Si hasta ahora nos hemos movido dentro del ámbito del «ser», de lo que somos y cómo somos, este capítulo parece exigir irremediablemente hacer alguna incursión en el mundo del «deber ser». No es mi objetivo dar consejos o lecciones a nadie, pero debo reconocer que me resulta imposible elaborar este apartado sin dejarme llevar por algunos valores y creencias arraigados en mi interior. La acumulación de múltiples registros de buenas y malas experiencias que la vida me ha ido dejando me permiten compartir estas ideas con cierta inevitable inclinación a pensar que lo que en mí ha funcionado tenderá a funcionar en general en los demás. Por alguna razón pienso que lo que para mí es bueno lo es también para los demás. Pero soy consciente de que este pensamiento llevado al extremo resulta probablemente un arrogante error en el que pretendo no caer. Y por ello cualquier sugerencia, recomendación o consejo que pueda derivarse de este libro el lector debe tomarlo como realizado desde esa creencia y sin pretender ni mucho menos sentirme seguro de que los consejos que son válidos para mí funcionan también para los demás.

Por otra parte, aunque trataré de mantener la máxima pulcritud para diferenciar entre lo que yo personalmente valoro y lo que considero que son valores interiores propios de la mayoría de los miembros de la raza humana, de antemano pido disculpas por los sesgos que seguro existirán en mis apreciaciones de las cosas. Cualquier mirada mía, aun con pretendida objetividad, estará irremediablemente condicionada por mi historia personal, mi carácter, mi naturaleza, mis creencias, valores etc., que reconozco que tendrán su reflejo en este apartado, por más que la redacción quiera tener un tiente aséptico y no subjetivo.

Pero como todo lo que hago y pienso es subjetivo y no debo negar esa subjetividad, permítame el lector comenzar este apartado con unas reflexiones espontáneas escritas en mi diario un día de mis últimas vacaciones veraniegas:

«Me encuentro en unos días de descanso y contemplativos. Todos los ratos del día son agradables, maravillosos. No quiero perderme ninguno pues en todos me siento muy vivo y muy en paz, acoplado a un mundo que bien podría ser el Paraíso. Seguramente un paraíso de sencillez. El aire

es cálido, la luz maravillosa, el ruido de fondo del mar me acompaña como meciendo la vida. Y la ausencia de presión interna o externa de obligaciones me coloca en un estado de vida aquí, en mi lugar de siempre, similar al de un perro con buena vida. Como un perro en el más positivo sentido. Pues me dejo llevar casi todo el día por lo que me apetece y voy buscando el sol, la sombra, la brisa o los rincones y lugares que me llaman, ya sea en la playa, debajo de un ficus, en el agua, en la cama, en un sofá, en una mesa con un ordenador o jugueteando como juega a ratos un perro. Todos son maravillosos ratos y todos los vivo plenamente porque me dejo llevar y me apetecen en cada momento presente. Y en todos esos ratos mi cabeza está totalmente relajada. Su única atención está en lo que estoy haciendo, siendo una parte muy importante de mi actividad la de mirar al cielo o al horizonte, con los ojos, la piel y los oídos, y escuchando el universo en busca de una conexión con ese Dios que siempre parece que está ahí. Son todo momentos que yo aprovecho para declarar mi agradecimiento por la profundidad de mi vida, por la pureza y autenticidad de mi discurrir por ella y por la intensidad de la vivencia de cada rato que parece que me llena de una energía que me hace sentir con las baterías muy muy cargadas.

Mi pecho se encuentra esponjado, grande, espacioso y lleno de un aire muy fresco. Un aire sin tensiones de ningún tipo, sin ningunas ganas de juzgar y con total y espontánea capacidad de aceptar. Siento que es una aceptación cuya práctica equivale a abrazar la paz de espíritu.

Aceptar implica vivir en el mundo del ser, en el que la lucha interna desaparece y se vive siendo un observador que nada tiene que cuestionar de lo que observa. Las cosas observadas son y ya está, sin que deban alterarme o perturbar mi paz. Si me gustan las disfruto, y si no trato de buscar y poner mis ojos en otras cosas que me gustan.

Pero llevo unos días tratando de encontrar algún criterio para abordar el mundo del 'deber ser', o lo que es lo mismo, el mundo del juicio. Y ello a pesar de que no tengo claro que se pueda hablar de él más allá de la teórica y aséptica descripción conceptual de lo que significa.

Por más que sea un promotor de la vida sin juicio, o casi sin juicio, reconozco que como humano no puedo dejar de juzgar con un cierto automatismo inconsciente. Parece que el cerebro humano de alguna forma necesita procesar cualquier estímulo que recibe como bueno o malo para, en función de ello, mantener una actitud cerebral relajada o adoptar la defensiva. Creo que he reducido mucho el impacto o condicionamiento de ese juicio automático en mi forma de ser para vivir profundamente cada instante. Pero ni mucho menos pretendo decir que haya conseguido una erradicación total del juicio.

Además, y a pesar de mi convicción intelectual y sentida de que lo bueno y lo malo en sentido absoluto no existen, otra parte de mí no puede dejar de creer en la presencia de lo bueno y lo malo como parte de una dicotomía a la que el hombre se ve enfrentado en múltiples decisiones todos los días. Al margen de mis reflexiones, mis arraigadas creencias con las que vivo se encuentran siempre presentes, evaluando la bondad o la maldad de las cosas. Necesito sentir que mi vida y mi conducta son buenas y por ello necesito agarrarme a algunos criterios para poder sentir que lo que hago es bueno o malo. Pero es un juicio que no sé bien desde dónde de mí mismo lo hago, ni con qué ecuación o criterios acerca de la bondad lo formulo. Y es en la identificación de esos criterios en lo que, amablemente y con paz, me revuelvo estos días de forma entretenida y con actitud de superar la dificultad que ello tiene para mí.

¿Qué es lo 'bueno' para el hombre? ¿Ser un rico que vive muchos años o alguien que muere mártir por sus princi-

pios? ¿O alguien que se entrega a una causa recluyéndose en un monasterio o sacrificando su vida para entregarse a la ayuda humanitaria de un tipo u otro? ¿O por el contrario el que es un 'viva la vida' y se dedica a disfrutar de los placeres mundanos cuidándose físicamente solo lo necesario para que no se le acabe demasiado pronto esa vida de disfrute?

La pregunta no tiene una respuesta. Quizá ni siquiera se pueda responder con un 'depende', pues difícilmente sabría decir de qué depende ese 'depende'. Ante la disparidad de posibles criterios personales respecto de cuál es el mejor modelo de vida, cabría plantearse quién es la persona más cualificada para decidir lo que es bueno para cada uno. ¿Es cada uno en relación con su propia vida? ¿O son los padres en relación con sus hijos? ¿O la sociedad en relación con sus ciudadanos, la mujer respecto del marido y viceversa? Y desde luego bien podremos pensar quienes seamos religiosos que la respuesta tiene que venir de Dios, que es quien debe determinar de una u otra forma lo que es bueno y deseable para el hombre.

Y al hablar de lo bueno para una persona, ¿nos referimos a lo bueno para esta vida o para la vida después de la vida terrenal? ¿O para una supuesta reencarnación según las creencias hindúes?

Es sorprendente que los conceptos de bueno y malo, con los que tan bien y espontáneamente convivimos en nuestra cotidianidad, revistan tanta complejidad para quien se plantea interrogantes en relación a ellos. Es esta complejidad la que me tiene entretenido estos días cuando dejo navegar mi mente por el horizonte marino o cuando contemplo la amplitud de una maravillosa playa con unas montañas cerrando el cuadro de mi paisaje.

Y cuando paro la cabeza y me pongo a bucear en mi cuerpo como un 'todo completo', me siento cómodo y con buena luz para ver, escuchar, observar, notar, sentir y declarar lo que es bueno para mí. Y con ello concluyo que lo bueno para mí se compone de una serie de elementos que podría resumir de la siguiente forma:

- Es bueno aquello que me permite vivir y entretenerme con aquello que me gusta, aquello para lo que siento que he nacido o para lo que siento que en este momento debe constituir mi contribución al mundo. Parece el concepto de vocación, cuyo seguimiento da sentido y me procura felicidad.

- Y para hacer posible lo anterior, resulta imprescindiblemente bueno sentir cierta seguridad o la confianza de tener mis necesidades satisfechas. Tanto en lo que se refiere a las puramente fisiológicas como a aquellas psicológicas o sociales, sean estas cuales sean para mí en cada momento.

- Es bueno que exista alineamiento entre aquello que he elegido a lo que dedicar mi vida y mis cualidades y dones.

- Es bueno para mí aquello que me hace vivir creyendo y sintiendo que estoy haciendo algo bueno. Es la 'bondad placebo'.

- Es bueno ser capaz de aceptar, con el menor sufrimiento, aquello que no consideramos tan bueno y que nos afecta si no podemos cambiarlo o mientras intentamos cambiarlo.

- Es bueno igualmente aquello que me ayuda a quitar de mi cabeza aquellas preocupaciones o cosas que me hacen sufrir más de lo deseable.

- Es bueno para mí vivir con un propósito, con metas y objetivos que evolucionan y con un cierto sacrificio en el desarrollo de alguna disciplina o actividad, aunque ello requiera a veces un duro esfuerzo, pues me lleva a la satisfacción de alcanzar logros y al positivo contraste del esfuerzo y el descanso.

- *Me siento también cómodo declarando como bueno el hecho de «cuidarme» un poco físicamente, aunque tenga la sensación de que ese propósito ceda a menudo ante el placer de dejarme llevar por esa vida de buen perro, de plácida contemplación y buenos alimentos.*
- *Me produce paz sentir la coherencia de mi actuación y mis pensamientos con mis valores.*

En definitiva, es bueno aquello que por serlo, o por yo creer que lo es, me permite vivir una vida que yo siento como plena, serena, iluminada, llena de paz y actividad, ya sea en la contemplación o en actividades que mantienen mi mente 'entretenida'. Una vida con actividades, miradas y actitudes que me dan sentido en forma de aire gozoso, fresco y lleno de energías para ir hacia un lugar o meta que yo mismo me he fijado de forma más o menos consciente. Y en ese caminar que es la vida, sitúo como destino y como actitud de vida la trascendencia, la espiritualidad, el dar y recibir amor, la compasión, la ayuda a los demás...

Y cada vez más pienso que, en tanto en cuanto camine por mi propia senda de lo bueno, con autenticidad y sin trampas, los que me rodean compartirán y se beneficiarán más y más de mi forma de ser alineada con ello. Son criterios y principios que me llevan a desarrollarme, a crecer con una vida ecológica conmigo mismo y con mi entorno, entendiendo la ecología como una ecología emocional, de relación y económica.

Y por terminar y jugar un poco con mis propias contradicciones y reflexiones intelectuales, me planteo si de verdad será bueno para mí aquello que yo creo que es bueno para mí. El que esté seguro de la respuesta que me lo explique y seguro que lo pondré en duda. Pues he decidido que mi cabeza ni puede, ni jamás podrá, comprender o tener respuestas para estas dudas que prefiero dejar en la nube del misterio, con la que convivo enriquecido y confiado en mi vivencia de Dios».

Las reflexiones anteriores son solo los elementos, las preguntas, las dudas, las alternativas que me sirven para dar forma en mi caso al concepto de lo bueno, asimilando en gran medida mi felicidad con lo que es bueno para mí. Todos queremos ser felices y yo no puedo evitar pensar que en gran medida para mí será bueno aquello que me hace feliz de forma estable. Y lo mismo diría si tuviera que decidir la suerte de mis hijos pues, como es propio de cualquier padre, les deseo desinteresadamente lo mejor con una visión o perspectiva de trayectoria vital.

Abordar de forma más general las respuestas a nuestros interrogantes en el plano humano solo permite meras aproximaciones, sin pretender nunca alcanzar precisión ni concreción en las respuestas. Por ello a la hora de decidir sobre lo que es lo «bueno», lo «adecuado...» viviremos siempre en la nube de lo indefinido. Pero es la búsqueda de felicidad lo que seguramente comparten y han compartido todas las personas de cualquier condición y tiempo. Y por ello me atrevo yo a compartir mi personal forma de buscar y caminar hacia la felicidad.

QUERER, SABER Y PODER, LA ECUACIÓN DE LA FELICIDAD

Cada vez que pienso en cuál es la forma mejor, de ser, de vivir o de comportarme, necesito encontrar un punto de anclaje que me dé paz y me confirme que es una buena guía para mi vida. Y cuando quiero concretarlo, me vienen siempre a la cabeza reflexiones o fuerzas en dos grandes direcciones: por una parte, el ser feliz y contribuir a la felicidad de los demás y, por otra, evitar mi propio sufrimiento y el de los demás. Preguntarse de qué forma se materializa eso abre miles o millones de posibilidades que se relacionan con palabras como el amor, el respeto, la justicia, los valores y virtudes, la diversión, la ayuda y el servicio a los demás, el disfrute de los placeres más básicos, la buena salud, la espiritualidad y un largo, complicado y abstracto etcétera.

Aunque con matices en la forma de enunciarlo, la inmensa mayoría de las personas comparten como grandes pilares y objetivos de su vida el buscar la felicidad, rodeadas de felicidad y sin sufrimiento propio ni ajeno.

En cualquier caso, sea cual sea la ecuación de cada uno para su felicidad, hacer el camino de la vida sabiamente exige tomar conciencia de la necesidad de trabajar en tres ámbitos distintos: el querer, el saber y el poder. Es decir, para comportarnos y vivir «felizmente» deberemos querer hacerlo, saber cómo hacerlo y ser capaces de hacerlo.

- Ámbito del «querer»: es imprescindible querer caminar hacia algún sitio. Metafóricamente hablando, debemos identificar un lugar más o menos concreto abstracto al que dirigirnos, o bien simplemente una dirección en la que caminar. Se trata de trabajar el ámbito de las motivaciones, de lo que nos da la fuerza y las ganas para controlar o dirigir nuestras vidas hacia algún lugar o en alguna dirección en forma de objetivos vitales. Es lo que nos permitir construir ilusiones y caminar por ellas esforzándonos en alcanzar nuestro propósito en la vida o en cada momento. El que no tiene motivación quizá no tenga voluntad, y posiblemente vivirá reaccionando al acontecer de la vida en lugar de vivir moldeando su camino y su destino activamente. El propósito, el sentido, la ilusión y desde luego el amor y el binomio placer-sufrimiento se encuentran entre los ingredientes que nos permitirán trabajar y construir ese ámbito personal del «querer», ese camino y también un adecuado sistema de motivaciones para discurrir por la vida.

- Ámbito del «saber»: para poder gestionar cualquier vehículo o aparato es necesario conocer su funcionamiento. Y en el caso de las personas debemos también conocer como «funcionamos», lo que nos gusta y nos disgusta. Lo que tememos y amamos, y en general el funcionamiento de todos los mecanismos internos de los que hemos tratado largamente en las anteriores páginas de este libro. El saber sobre uno mismo nos da información para conocer lo que nos sienta bien y lo que, aun cuando nos guste o divierta, nos provoca unos indeseados efectos secundarios o resacas. Conociéndonos podremos definir con mayor acierto lo que queremos y lo que nos conviene, valorar nuestras capacidades, sacar partido a nuestras fortalezas y protegernos de nuestras debilidades, identificar nuestras necesidades psicológicas o sociales y también otro largo etcétera de aspectos relacionados con lo que se llama el auto-conocimiento y la inteligencia intrapersonal.

- Ámbito del «poder»: este ámbito determina en qué medida somos capaces de hacer y comportarnos de la manera adecuada para conseguir aquello que «queremos», lo que nos moviliza, lo que nos motiva. Si he decidido ser más amable con los demás ¿seré capaz de controlar mis disparos emocionales, la visceralidad y mi tendencia a ser hosco? Y si quiero desarrollar una carrera y una vida como médico ¿tendré capacidad y fuerza de voluntad para estudiar lo que se requiere? Este ámbito ya no se refiere a los deseos ni a la elección de los destinos, sino a las posibilidades de comportarme como quiero y decido para conseguir mis opciones o preferencias. El «poder» está relacionado con nuestro músculo de la voluntad y del auto-control, el entrenamiento de nuestra atención y de nuestra actitud. Pues, aunque dicen que «querer es poder», la realidad es que para conseguir alcanzar nuestros objetivos deberemos tener entrenadas nuestras capacidades y competencias psicológicas. Solo con querer no basta.

Estos tres ámbitos están necesaria e inevitablemente interrelacionados. Ninguno de ellos por sí solo puede procurarnos una vida satisfactoria y plena. Nuestro buen nivel de trabajo, conocimiento o desarrollo de uno de los ámbitos condicionará el funcionamiento y las posibilidades de los otros. Y el éxito o la sabiduría en nuestra propia gestión estará relacionado con una administración adecuada de cada ámbito y de la relación entre ellos. Así, por ejemplo, si mi motivación es muy fuerte con una clara determinación a ser médico, quizá pueda mantener mi decisión de trabajar en esa dirección a pesar de ser mal estudiante y tener poca fuerza de voluntad para estudiar. La fuerza de mi motivación puede compensar mi débil voluntad y generar el tesón para encontrar la forma de ir consiguiendo mi propósito.

Es esa sabiduría la que nos permitirá encontrar equilibrio, coherencia y armonía en la administración de los tres ámbitos y la relación entre ellos para elegir nuestro destino (ámbito del querer) con fundamento y en coherencia con lo que de verdad soy (ámbito del saber) y hacernos así capaces de avanzar satisfactoriamente hacia él (ámbito del poder).

Encajar las ideas de los apartados siguientes en esta trilogía de ámbitos nos ayudará a comprender mejor e integrar los conceptos necesarios para llevar una adecuada gestión de nuestro gobierno personal.

LO QUE NOS MUEVE

Nada exige un trabajo más fino en los tres ámbitos comentados y en su interrelación que el necesario para dar contestación al título de este apartado: ¿qué objetivos tenemos? ¿qué es lo que nos mueve a unas cosas u otras? Queremos hablar ahora de gobernarnos, auto-gobernarnos o administrarnos. Y administrar cualquier cosa exige tener algún criterio para hacerlo, algún objetivo que conseguir con aquello que se administra y desde luego saber con qué medios, competencias, dones, limitaciones etc. contamos. Y si de lo que se trata es de averiguar o hablar de cómo debemos gestionar o administrar los mecanismos y resortes que nos mueven, lo primero que nos surgen son preguntas de importante calado:

¿Cuál es mi objetivo?

¿Se trata de alargar la vida todo lo posible?

¿O es más bien tener una buena vida?

¿O quizá sea ser feliz? ¿Y qué significa eso?

¿Qué es tener una buena vida, qué variables debo tener en consideración?

¿Debo invertir en el presente posponiendo las recompensas?

¿Es buena una vida de placeres? ¿Y una de esfuerzo?

¿Debo dejarme llevar por mis apetencias?

¿Cómo debo gestionar mis expectativas?

¿Debo ser equilibrado? ¿O por qué voy a tener que ser equilibrado?

¿Creo yo que cuando tenga todo lo que deseo estaré satisfecho? ¿O debo buscar tener siempre metas pendientes?

¿Pero al final qué es lo busco? ¿No será amor?

Las respuestas no son fáciles pues incluso después de una primera contestación para fijar criterios, nos vienen los interrogantes de segundo nivel que nos interpelan con preguntas del tipo:

¿Cuánto pondera cada criterio?

¿Son los criterios de ponderación fijos o varían en función de nuestras circunstancias o de nuestra edad?

¿Debemos plantearnos salir de nuestra zona de confort para mejorar nuestra vida?

¿O más bien es mejor no plantearse tantas cuestiones?

Para ampliar nuestra mirada, aunque nos desasosiegue un poco, pensemos en respuestas más allá de las automáticas y no meditadas. Salgamos de la zona de confort que nos produce la ausencia de estos interrogantes y pensemos por un rato en ellos. Tras ello siempre podremos volver a nuestras espontáneas y automáticas respuestas producidas por nuestra maquinaria de arraigadas creencias y valores e incluso aparcar los interrogantes si nuestra opción es vivir sin hacernos preguntas.

El trabajo de auto-interrogarse solo tiene sentido cuando lo vemos y vivimos como una forma de enriquecer una mirada y perspectiva conformadoras de nuestro sistema inercial y espontáneo de creencias, sentimientos y preferencias. Es una forma de interpelarnos a nosotros mismos para testar el alineamiento de nuestras impresiones y creencias espontáneas con nuestras preferencias más profundas.

Comprendo que todo este interrogatorio se hace insoportablemente complejo, incluso para mí que lo estoy planteando. Se trata en todos los casos de preguntas para las cuales ninguna ciencia tiene respuestas exactas. Sus respuestas solo pueden venir de la combinación de múltiples factores sin ningún rigor matemático o científico en su aplicación práctica. El conocimiento científico solo puede darnos pistas generales más basadas en la estadística y en información relativa a secreciones químicas y fenómenos fisiológicos que siempre se asocian a nuestras actividades y a sensaciones como la de bienestar y cualquier otra. Por ello, será más fácil encontrar respuestas (o más bien consuelo ante la falta de respuesta) en el universo de la «sabiduría» propia de los que llamamos «maestros». Pues es la sabiduría la que es capaz de integrar la experiencia, la ciencia, la subjetividad, las emociones, los sentimientos, la razón, y por supuesto la trascendencia.

Cualquier respuesta meditada a estas preguntas requiere el manejo de conceptos indeterminados como el equilibrio, la prudencia o la sensatez, que deben ser aplicados de forma adaptada a la individualidad de cada uno. Como hemos ya visto en este libro, esta individualidad es cambiante tanto internamente en cada persona por el transcurso de la vida y por el condicionamiento social de cada momento. A modo de ejemplo, puede decirse que determinadas conductas o hábitos cuya práctica en el año 2020 está bien vista por la sociedad y dotada de sentido, tanto social como individual, puede ser rechazada socialmente años después fruto de la evolución de la ciencia o de tendencias y modas, lo que sin duda condicionará nuestro juicio acerca de su bondad y nuestra comodidad con ellas.

Como seres humanos, sujetos de experiencias vividas y dotados de subjetividad, no podemos obviar esos condicionamientos sociales pues sin duda constituyen fuerzas o factores muy determinantes en nuestra motivación, y consecuentemente también del juego de recompensas en forma de premios o castigos, incluidos los internos con sensaciones como la del «deber cumplido». De hecho, nadie puede negar que se produce una genérica satisfacción y un efecto positivo por esa satisfacción cuando con cierto esfuerzo hago algo que creo que es bueno para mí o que es un deber que debo cumplir. Es indudable la existencia del efecto positivo de sentirse bien al pensar que estamos haciendo y esforzándonos por algo bueno, aun cuando en otro ámbito se esté también generando un efecto negativo de otro tipo. Hoy ya no se duda de que los efectos somáticos de nuestros estados de ánimo, de nuestras actitudes, tienen gran influencia en aspectos de la biología de nuestra vida, lo que hace todavía más complicada la calificación de alguna práctica como objetivamente buena o mala al margen de la subjetividad de quien la sufre o goza.

Objetividad y subjetividad juegan en un sistema de causa-efecto recíproco de enorme relevancia para nuestro estado de satisfacción personal. El manejo y la administración inteligente de la dicotomía de los beneficios objetivos y los subjetivos será algo también importante para quien quiera ser un buen piloto de sí mismo. Pero el manual de instrucciones para ese manejo tiene las letras más que borrosas.

NUESTRO MANUAL DE FUNCIONAMIENTO

Resulta difícil conducir un coche y cuidar de su mantenimiento si no conocemos los instrumentos para su manejo y las necesidades y requerimientos necesarios para mantenerlo en buen estado a lo largo del tiempo. Igual que el coche necesita combustible, líquido de frenos, aceite para el motor etc. nosotros necesitamos nuestras dosis de cariño, nuestro nivel de logros en lo que buscamos, cierta cantidad de novedades y transitar por carreteras y en direcciones adecuadas... Y como cada coche, cada persona con sus propias peculiaridades. Pero, además, en el caso del coche de nuestra vida, para conducirlo debemos obtener del propio coche la información del destino al que uno quiere dirigirse. Es decir, somos como un coche que se auto-conduce, pero decidiendo él mismo sus destinos. Y ello es algo que difícilmente podremos llevar a cabo sin un alto nivel de auto-conocimiento.

Pero ¿qué es eso del auto-conocimiento? o, lo que es lo mismo, ¿qué es conocerse a uno mismo? Conocerse es reconocerse y acceder a toda esa parte de nosotros mismos que *a priori* mantenemos oculta a nuestra consciencia. Recordando la ya citada frase de Jung *«hasta que lo inconsciente no se haga consciente, el subconsciente seguirá dirigiendo tu vida y tú lo llamarás destino»*, podemos concluir que trabajar nuestro auto-conocimiento es un proceso por el cual reducimos las áreas de nuestro interior que permanecen ocultas para nosotros. O, en sentido contrario, un proceso dirigido a ampliar nuestra consciencia para acceder al conocimiento intelectual, emocional y sentimental de fenómenos internos que hasta ahora ignorábamos. En palabras de Jung *«la atención al inconsciente constituye un cumplido que garantiza su cooperación»*.

Por tanto, mejorar nuestro auto-conocimiento es crecer, es ir encontrándonos a nosotros mismos, descubriendo lo que somos y lo que realmente queremos ser. Es también reducir el espacio desconocido de nosotros mismos. Ello implica encontrar la información que nos permite identificar y agarrar aquello que nos hace felices, desechando lo que nos atemoriza o nos provoca malestar de un tipo u otro. Nos permite dar pasos para sentir que hacemos aquello para lo que estamos llamados. Y nos facilita la escucha silenciosa de la satisfacción que nos trasmite nuestro cuerpo cuando hace lo que «tiene que hacer». Es encontrar ese «tener que hacer» espontáneo, claro, poco discutible, adaptado como un guante a nosotros mismos, a nuestro sentido. Un buen nivel de auto-conocimiento nos permite actuar siendo mucho más «nosotros mismos» cuando ponemos en práctica lo aprendido en el camino del auto-conocimiento. Y, por último, nos permite encontrar una forma de vivir que nos da la felicidad de sentirnos en nuestro camino sin cuestionarnos. Un camino que nos distrae de los tantos miedos y pensamientos perturbadores de nuestra vida.

Mucha gente se conoce muy poco. Son muchos en Occidente los «analfabetos emocionales» que solo saben usar y solo creen disponer de su cabeza racional para guiar sus decisiones y actuaciones. Esos analfabetos emocionales niegan en general el interés en su auto-conocimiento pues con su subjetiva verdad creen conocer perfectamente lo que quieren. Es precisamente la respuesta negativa que quizá más abunde entre quienes mantienen muy ocultas a ellos mismos muchas zonas de su inconsciente, de sus sentimientos, de sus miedos y temores. Son personas que ignoran lo que ignoran y niegan que lo ignoran y que se han creado barreras de protección o corazas como estrategia defensiva en la sociedad, posiblemente para no asomarse al vértigo de conocerse.

De alguna forma, todos somos algo víctimas de este fenómeno. Lo que se inicia como una negación publica de emociones y sentimientos frente a nuestro entorno de relaciones desde muy pequeños, con el tiempo se encapsula en nuestro interior haciéndose invisible para nosotros. Dejamos así una valiosísima información sobre nosotros mismos escondida en nuestra inconsciencia, que a pesar de ser desconocida tiene enormes efectos en nuestro comportamiento, reacciones, miedos, angustias, frustraciones, y en definitiva en nuestra propia vida.

El paso del tiempo en la vida es sin duda una escuela para mejorar nuestro auto-conocimiento. Pero no siempre es así. Hay también casos en los que el tiempo lo único que hace es encapsular o acorazar más y más esa información interior, perpetuando la ceguera o imposibilidad para acceder a ella y manteniendo en territorio desconocido lo que de verdad nos mueve en nuestras actuaciones y lo que provoca nuestros sufrimientos o alegrías. En tales casos es común que se incremente la arrogancia que nos lleva a declarar esa auto-suficiencia en la gestión y conocimiento de nosotros mismos. ¿No es verdad que conocemos a personas ya de edad que se han hecho más y más estrictas, menos comprensivas y más esclavas de sí mismas gobernadas por motivaciones que permanecen ocultas para ellas? ¿No es verdad que hay personas que viven obsesionadas y atemorizadas sin ser conscientes de ello a pesar de tener ya una buena edad? ¿Cuántas personas conocemos que no son capaces de permitirse sentir sus emociones y las niegan llegando a hacerse ciegas y sordas a ellas? ¿Cuántas personas vemos que no son capaces de asimilar que sus sueños se convierten en dolorosa frustración cuando se hacen realidad, viviendo como si nunca hubieran incurrido en ese recurrente sentimiento de frustración? ¿Cuánto sufrimiento se evitarían todas esas personas si respetaran sus realidades personales sin negarlas para permitirse una vida más fluida, coherente y en paz con su esencia?

El nivel de dopamina está muy relacionado con nuestro nivel de satisfacción y ánimo interior. Y la secreción de dicha sustancia está muy conectada con el nivel de satisfacción que nos produce la vivencia de situaciones. El auto-conocimiento nos permitirá mejorar nuestra capacidad de predecir nuestro grado de satisfacción futura cuando vivamos experiencias que se derivan de nuestras decisiones. Nos facilitará por tanto el adoptar decisiones que nos vayan a producir satisfacción de forma efectiva evitando frustraciones que frenan la secreción de dicha sustancia. Podremos así, con un buen auto-conocimiento, afinar más nuestras expectativas ante situaciones futuras más alineadas con las experiencias buenas o malas que efectivamente esas experiencias nos procurarán. Y ello nos permitirá por tanto evitar frustraciones causantes de insatisfacción. Acertar en la gestión de nuestras expectativas reducirá nuestra frustración, y la identificación clara de esas expectativas nos ayudará a gestionar con realismo su alineamiento con la posterior vivencia de los acontecimientos.

La mayor parte de las personas mostramos inicialmente barreras a abrirnos y explorarnos para llegar a nuestro interior y comprender nuestro funcionamiento profundo. Es un rechazo que se basa en el miedo a lo que podamos descubrir, con una cierta vergüenza preventiva por pensar que uno pueda descubrir motivaciones o inclinaciones de las que no se sienta orgulloso. En general, como seres humanos somos interesados y egoístas de una u otra forma, como hemos visto al analizar los instintos y las fuerzas y programaciones interiores que nos impulsan. Admitir esto puede producir un impacto poco agradable por el que se puede sentir una vergüenza frente a uno mismo y a los demás. Pero no hay duda de que acceder, tomar conciencia y asimilar esos descubrimientos son pasos enormemente liberadores de crecimiento una vez se superan el dolor y la confusión iniciales. Y desde luego nos colocará en posición de seguir un camino de crecimiento y mejora de nuestro auto-gobierno.

Por ello el auto-conocimiento requiere también de la voluntad de escucharnos a nosotros mismos y mejorar nuestra comprensión de lo que somos y cómo somos. Requiere igualmente de una actitud humilde para escuchar nuestro interior, para no poner barreras al afloramiento de sentimientos, ideas, preocupaciones, traumas, temores que permanecían ocultos en el interior, y para estar dispuestos a visualizar y aceptar formas nuestras de ser y sentir que inicialmente podemos considerar debilidades o vergonzantes.

El auto-conocimiento se desarrolla principalmente experimentando, sintiendo, «sensando». Es más un ejercicio del cuerpo que de la cabeza. Es el cuerpo con la experimentación, con la bajada de nuestros filtros y caretas, el que nos dice cosas y nos permite tomar conciencia de ellas. Es la desinhibición interior la que nos permite acceder a esas experiencias, y por tanto a esa nueva información sobre nosotros mismos. Tras ello, la cabeza y el resto de registro corporales podrán acumular la información y el aprendizaje de nuestras experiencias tomando nota de ello para que pase a formar ya parte de nuestra «consciencia». En el proceso de crecimiento, son por tanto las emociones y los sentimientos los que nos hablan, aunque sea la cabeza la que retiene en su memoria las sensaciones y la información experiencial adquirida. Y quizá también, después de esa primera fase, pueda la cabeza, es decir nuestra función reflexiva, dar explicación y coherencia intelectual a los fenómenos observados.

El auto-conocimiento solo se obtiene dando pasos de descubrimiento de uno mismo e integrándolos pasito a pasito. En general, cada paso es un hito de satisfactorio desconcierto. Un proceso de subir peldaños iluminadores en los que nos vamos asomando a nuestras verdades interiores, sintiéndonos plenos y enriquecidos por los nuevos descubrimientos, aunque en los momentos iniciales pueda ser fuente de desconcierto, rechazo o sufrimiento.

Conocerse a uno mismo significa conocer lo que nos gusta y nos da sentido, lo que nos dispara emocionalmente o nos bloquea, las manías, lo que perseguimos, lo que queremos y lo que detestamos, nuestras fijaciones, nuestras mentiras personales y auto-engaños, nuestros dones y fortalezas y nuestras debilidades etc. Por ello el proceso de conocernos exige una progresiva liberación de esas corazas que nos ponemos para protegernos y evitar dejarnos sentir o aflorar sentimientos íntimos o profundos. El proceso exige bajarnos de los discursos sociales que nos hacen vivir y manifestarnos de una determinada forma. Son discursos sociales que contribuyen a que nos identifiquemos con aquello que declaramos y aparentamos, no tanto por constituir nuestra forma de ser o sentir, sino para «quedar bien» y ser aceptados socialmente según nuestras creencias arraigadas.

No debemos creer que somos como socialmente nos mostramos. En algunas personas hay un buen nivel de coincidencia. Pero a menudo en muchas personas la brecha existente entre las apariencias y la realidad es muy grande y no hay conciencia de ello por parte de quien vive en esas apariencias sociales. Son apariencias que acaban por condicionar la forma de pensar y sentir superficial de quienes las practican llevándoles a pensar que no existe una realidad profunda en ellos.

Animo por ello a cualquier persona a avanzar en su propio conocimiento personal como vía para conocer mejor nuestra forma de ser, preferencias, motivaciones y fuente de satisfacción profunda. Ese conocimiento nos colocará con buena nota en el ámbito del saber gobernarnos y será la mejor base para adoptar las decisiones y actuaciones adecuadas.

Solo conociendo bien nuestro «manual de funcionamiento e instrucciones para nuestra felicidad y mantenimiento» podremos conducir y mantener adecuadamente el vehículo de nuestra vida.

EL SOSIEGO DEL SENTIDO

Sin duda el tema de la vocación y el sentido me parece cardinal en la vida de las personas, al menos de las personas inquietas y buscadoras de la verdad. Personalmente, a esa búsqueda de la verdad y de mí mismo le he dedicado muchas veces tiempo en mi diario para expresar, desde lo más profundo de mi interior lo que significa para mí. Aunque forme parte de la intimidad de mi diario, me permito compartirlo con los lectores pues es expresión pura del sentido, narrada por quien tiene a la escritura como parte fundamental de su lugar en el mundo:

«Busco siempre profundizar en temas que me inquietan, y uno de los temas que más me ronronean en la tripa es el tema del sentido. Es muy difícil saber qué es el sentido. Y es mucho más difícil todavía explicarlo.

Pero me atrevo a decir que el sentido se puede experimentar, vivir, sentir, disfrutar... Cuando estamos 'viviendo' una vida con sentido o realizando actuaciones alineadas con un sano propósito, notamos algo especial en nuestro interior que nos procura una gozosa paz, una maravillosa sensación de plenitud y el aparcamiento de nuestras agitaciones mentales. Parece que se apagan esas agitaciones que nos llevan a hacernos múltiples preguntas incómodas y sin respuesta cuando la carencia de sentido nos coloca o acerca al desasosiego. Por ello, el sentido nos da sosiego y nos ensancha, pues quien vive con sentido vive ancho de sí mismo, aunque sin arrogancia alguna. Vive en la plenitud y con paz interior, sin practicar el juicio. Las personas con sentido sienten la conformidad de lo que hacen con lo que piensan y la conformidad de lo que piensan con lo que creen que está bien para el mundo que las rodea. Por eso el sentido nos ensancha, nos agranda, nos hace absorbentes escuchadores del entorno y partícipes de él, pero con pleno acoplamiento y sin fricciones. El sentido nos hace aceptar lo imperfecto y el dolor, y nos ayuda a esforzarnos, sin sufrir negativamente el esfuerzo sino sintiendo que engordamos positivamente con él.

El sentido nos coloca con el foco de nuestra mente en lo que somos de verdad, en el lugar que nos sugiere Dios desde lo más profundo de nuestro interior. El sentido nos encaja y nos acopla de manera perfecta en nuestro mundo y nos hace comprender, y sobre todo aceptar, que el hombre es un ser sufriente, pero que los sufrimientos reducen su pesada carga cuando están al servicio de un camino con pleno sentido para nosotros.

El sentido, incluso como concepto, está más allá del ámbito conocido o interpretado por la ciencia. Podría por ello discutirse si el sentido existe o es una creación del ser humano para consolarse ante el desasosiego existencial. Pero yo *no tengo duda de que el sentido existe ni de su extraordinaria importancia. El sentido coloca a las personas encajadas en el mundo, en su entorno y en su tiempo, como se encajan y afinan los instrumentos de una orquesta, con un mismo tono para crear una maravillosa melodía orquestal mucho más grande que el sonido aislado de cada instrumento.*

Todo lo que existe podría decirse que es una creación humana, salvo quizá la física y la química. Pero aun admitiendo esto, y por tanto admitiendo que el sentido es una creación humana, puedo concluir a la vez, y sin ser contradictorio, que el sentido es una realidad más allá de la construcción humana. La naturaleza humana obtiene provecho del sentido como lo obtiene del agua que bebe cuando tiene sed. ¿Es la sed también una creación humana o es un sentimiento? Podremos llamarla como queramos, pero la sed es una realidad, como es una necesidad aplacarla si no queremos morir. Y, al igual que la sed de agua, existe la sed de sentido, cuya satisfacción es una auténtica necesidad para tener una vida plena. Y su insatisfacción no produce la muerte física, pero sí la muerte humana, enajenándonos o haciéndonos ser alguien distinto a quienes verdaderamente somos. Pues una persona es realmente quien es cuando su vida discurre por una senda que le da sentido. Y la búsqueda de sentido produce indudables frutos y resultados en el hombre especialmente cuando el sentido se encuentra, al igual que los da la búsqueda y el hallazgo de agua para calmar la sed.

No obstante, el sentido no es aprehensible ni medible y solo puede tocarse a través de la vivencia del propio sentido. Se siente, se experimenta y ello lo constituye en algo especialmente escurridizo al ser solo apreciable con su experimentación o sentimiento. Y si la sed es un indicador de una carencia de agua o hidratación de nuestra sangre, ¿qué es aquello que le falta al ser humano cuando siente sed de sen-

tido? Lo que le falta no es sino el alineamiento de nuestros pensamientos y actuaciones o camino vital con la programación profunda o divina para la que hemos sido creados o llegado a la vida. Viviremos con sentido si nuestro actuar y propósito están alineados con nuestros destinos y función en el universo, sabiendo que nuestra influencia se produce en el entorno social y humano. El sentido es por ello un acoplamiento de nuestra vida en el momento y entorno social, como encaja una pieza de un puzle en su sitio pero no en otro. Una persona sin sentido es como una pieza de puzle colocada erróneamente en el tablero. Y esa falta de encaje o de sentido produce desajuste, fealdad, fricción, sufrimiento, insatisfacción, desasosiego.

Una vida respetuosa con nuestro sentido nos permite desapegarnos de nuestras cosas, de nuestras costumbres y de muchas de nuestras llamadas necesidades. En una vida con sentido no necesitamos tener o mostrar tantas cosas, pues una vida bien orientada nos llena y nos absorbe restando atención a todo aquello que no encaja o no es necesario para esa vida con sentido y 'mucho más vivida'. Abandonamos ser 'lo que tenemos' y nos convertimos de verdad en ser 'lo que somos'.

Solo nosotros mismos podemos descubrir en nuestro interior cuál es nuestra verdadera y singular misión que nos hace únicos, distintos a todos los demás y capaces de ocupar el lugar perfecto en 'nuestro mundo', encajados como esa pieza de puzle colocada en su lugar. Y como un puzle terminado y con todas las piezas encajadas, una sociedad con sentido formada por personas con sentido será una sociedad amable, llena, estética, amplia, suave y sin rugosidades».

Este extracto de mi diario muestra la importancia que tiene para mí hacer y sentir que hago aquello para lo que he nacido, aquello que contribuye al mundo en la forma en que específicamente a mí me ha tocado contribuir.

No sabemos muy bien quién nos hace esas llamadas. Para los creyentes es Dios quien hace esa llamada. Los no creyentes no sé dónde sitúan su origen. Pero indudablemente existe algo dentro de nosotros que nos hace sentirnos acoplados en ciertas actuaciones y misiones. Situarse en la vida en caminos que nos llenan, que nos satisfacen y nos hacen sentir humildemente grandes es caminar en la senda de nuestro sentido. Es ser capaces de escuchar la llamada, la vocación, y de seguir el camino marcado por esa llamada.

Y transitar por ese camino es transitar por una vida en la que se vive en el presente. O, lo que es lo mismo, vivir en una vida que se vive de verdad el momento presente con plenitud, en el «aquí y ahora». El pasado es una impresión o recuerdo en nuestra mente y el futuro es una proyección mental artificial. Una proyección que puede ser fruto de la inquietud, el desasosiego o el miedo a qué será de nosotros. Pero el miedo y el desasosiego pueden también ser fruto de la huida de un presente de insatisfacción que proyecta sus ilusiones en el futuro con una falsa evasión que lleva a un «no vivir» en el presente. Sin duda el sentido ahuyenta el miedo.

Me gusta decir que el sentido nos convierte en verdad. Nos convierte en los seres que de verdad somos y en nuestra mejor y más verdadera versión. Reunirnos con nuestro sentido, vivirlo y practicarlo nos llena el cuerpo y el alma de forma duradera, de un espíritu de satisfacción y plenitud difícilmente conseguibles por otras vías. Nos convertimos en seres abiertos y auténticos sin miedo a mostrarnos pues nos sentimos sanamente orgullosos de lo que hacemos.

El sentido, como la vocación, no se crea ni se inventa; se descubre. Necesitamos conocernos y encontrar nuestro interior qué es aquello para lo que hemos nacido y es nuestra vocación. Aquello que sabemos hacer sin esfuerzo nos deberá dar pistas para hallarlo. Aquello que los demás reconocen en nosotros como cualidad sobresaliente tendrá seguramente mucho que ver con nuestros verdaderos talentos. Y estos estarán conectados a su vez con nuestra vocación y nuestro sentido. La facilidad con la que acometemos ciertas tareas nos hace despreciar su valor, pero con seguridad nuestra vocación estará conectada con ello. Son competencias como pintar, bailar, comunicar, acompañar, cuidar, o lo que sea, que no nos cuestan precisamente porque son nuestros dones naturales. O, lo que es lo mismo, aquello que se nos ha dado para que nosotros se lo demos al mundo.

Por ello, en la gestión de nosotros mismos, el respeto a nuestra vocación, a nuestra llamada a encontrar nuestro sentido debe ser uno de los criterios o factores prioritarios o de mayor peso en la ecuación o algoritmo que debería gobernar nuestra vida y nuestras decisiones.

¿Quién es más capaz dentro de mí de identificar dónde están mi vocación y mi sentido? ¿Será mi cabeza, mi corazón, mi alma…? Seguramente serán todos en ellos en una mágica integración de sus respectivas facultades. Pero quien quiera que sea deberá tomar parte importante en el gobierno de mi vida y nutrirse de información de todos ellos.

VALORES, UN PLUS DE PAZ INTERIOR

He dedicado ya un espacio a hablar de los valores dentro del apartado de «La memoria, tu gran archivo». Será bueno refrescarlo para entender que en nuestro camino por la vida decidir y actuar respetando nuestros valores supondrá un plus de paz interior por la coherencia entre lo que pensamos, creemos y valoramos, por un lado, y lo que realmente hacemos por otro. La coherencia practicada y sentida contribuye a nuestra felicidad pues es una fuente de paz, serenidad y satisfacción por la armonía que se alcanza entre nuestro pensar, nuestro sentir y nuestro actuar.

Los valores se constituyen con los significados positivos o negativos que les atribuimos a las distintas cosas. Damos valor o ensalzamos la bondad de unas y calificamos negativamente como desvalor aquello que estimamos que no es aconsejable o bueno para nuestra vida o como forma de actuar. Dentro del concepto amplio de nuestros valores debemos situar también el mayor o menor interés que nos despierta el buscar y obtener respuesta a interrogantes existenciales y de forma de vida tales como:

¿Quiero yo realmente saber quién soy?

¿Pretendo yo entenderme y entender el mundo o es mejor descansar en mis ilusiones auto-creadas?

¿Vivo para vivir o para sobrevivir?

¿Cuánto invierto en el corto plazo para mejorar el largo?

¿En qué medida estoy, o quiero estar, sujeto y respetar ciertas reglas, principios morales o derecho natural propios del ser humano? ¿Creo realmente en ese derecho natural?

Unos apreciamos y buscamos mucho tener respuestas a estos y otros interrogantes, y para otras personas el tema resulta casi irrelevante o no aflora en su consciencia. Unos damos más relevancia a nuestros valores y otros les damos menos. Pero, en cualquier caso, para todos es importante no sentirnos en nuestro actuar en contradicción con nuestros valores. La contradicción, que los psicólogos denominan «disonancia cognitiva», nos provoca dolor interior, manifestado de una u otra forma. Es ese dolor de la contradicción el que a menudo lleva a muchas personas a unos altos niveles de auto-engaño. Efectivamente, la desviación por nuestra parte de lo que consideramos un actuar correcto nos lleva a la construcción intelectual de historias o relatos justificadores de nuestra conducta. Construimos internamente falsas historias que llegamos a vivir como si fueran ciertas, siempre envueltas en discursos o relatos de legitimidad. Ya nos hemos referido a este fenómeno como sinceridad intencional pero de forma falsa, en el apartado de «El inconsciente, la máquina de aprender» y en el capítulo 4 relativo a nuestro «Comportamiento social». Y como también hemos visto allí, esas mentiras construidas que llegamos a creernos cayendo en el auto-engaño son la mayor fuente de conflicto tanto interno como en las relaciones entre personas.

Los valores no solo se refieren a lo que es bueno para uno mismo, pues muchos son valores sociales cuyo respeto no redunda directamente en quien los practica, más allá de la satisfacción de sentirse uno «persona de bien» o con valores cuando los practica, lo que sin duda tiene entidad propia. El respeto y la práctica de esos valores sociales nos ayudará a ser más valorados por los demás, y sin duda ello amplia las posibilidades de «ser queridos», lo que constituye uno de los mayores anhelos de las personas.

Los valores son indudablemente un claro factor en la ecuación de lo que es actuar correctamente, incluso cuando el juicio se haga egoísta e individualmente. Y por ello a la hora de decidir quién dentro de nosotros y cómo debe gobernarnos y adoptar nuestras decisiones, los valores deben estar muy presentes. Unos con sus «valores relajados» y otros con sus «valores rigurosos». Pero al final cada uno con sus valores. Y, en mi caso, me gustará que «mi piloto» escuche suficientemente siempre la voz interna que vela por esa coherencia de mis actuaciones con mis valores con el menor grado de auto-engaño.

LA COHERENCIA, CUANDO TODO ENCAJA

Íntimamente relacionado con el mundo de los valores está el mundo de la coherencia. Podríamos definir la coherencia como la cualidad que se da en nuestras actuaciones, pensamientos y sentimientos cuando unos y otros se encuentran en convivencia, acoplados, encajados, sin contradicciones ni fricciones entre ellos.

Somos por tanto coherentes cuando decimos una cosa y estamos pensando eso mismo. Seremos incoherentes cuando decimos que se deben hacer las cosas de una forma y nosotros las hacemos de forma diferente. Somos coherentes si decimos que nos gusta algo y efectivamente nos gusta. Seríamos por tanto incoherentes si dijéramos que nos gusta algo siendo que de verdad interiormente no nos gusta. Somos incoherentes cuando nuestra cabeza nos dice algo y actuamos conforme a ello, pero nuestro cuerpo, nuestros sentimientos, nuestra conciencia nos dicen algo distinto que ignoramos en nuestras actuaciones. ¿No nos ha pasado alguna vez que por interés personal le exigimos a alguien algo a lo que decimos y defendemos tener derecho, pero nuestro cuerpo (nuestra conciencia, nuestro corazón...) se incomoda porque no nos parece bien actuar de esa forma por más que podamos argumentarlo?

Como todas las cosas que se refieren a nuestro comportamiento, la incoherencia es a menudo inconsciente, pues no siempre somos capaces de ser conscientes de nuestras contradicciones internas y del auto-engaño en el que incurrimos para justificar nuestras actuaciones. Como dice David Eagleman, *«no decimos lo que pensamos porque no sabemos lo que pensamos»*. Pero aun cuando es inconsciente, la incoherencia deja sus efectos internos en forma de incomodidad, agitación, falta de paz...

La incoherencia es prima hermana de la mentira. Se produce una divergencia entre la verdad pensada, sentida o experimentada, según uno de nuestros centros vitales personales (cabeza, corazón o tripas), y la verdad pensada, sentida o experimentada en otro de esos mismos centros. Y al igual que la mentira, la incoherencia nace también de una estrategia personal de defensa de nuestros intereses y de nuestra imagen frente a los demás. Es una estrategia que da una gran importancia a nuestra estética personal y a una forma de ser públicamente «decente».

Salvo las personas enfermas o con serios problemas sociales, todos buscamos ser «decentes». Queremos que los demás no piensen de nosotros que somos indecentes, aprovechados, injustos, desalmados, mentirosos, o cualquier otra cosa que cualquier persona normal rechaza o trata de evitar. Existe un reconocimiento interno de que hay que respetar unas reglas naturales o morales en la sociedad y rehuimos violarlas, al menos de forma aparente o visible. Ser decentes es seguramente un mecanismo de supervivencia para ser aceptados en la sociedad. Y la búsqueda de la decencia, o de la justificación de nuestros actos, nos lleva muchas veces a la incoherencia cuando, para salvar nuestra imagen, decimos o actuamos de una determinada manera, mientras en nuestro interior, de forma consciente o inconsciente, existen principios en los que creemos cuyo respeto nos llevaría a actuar de otra manera.

De acuerdo con ello, la búsqueda de la decencia nos lleva a protegernos socialmente, justificando y racionalizando nuestras actuaciones para adaptarlas a lo moral y decente. Esa búsqueda de decencia o justificación frente al entorno social puede producirnos una fricción cuando no está alineada con nuestra forma interna y profunda de sentir y experimentar las cosas. Es a su vez un gran desencadenante de muchos conflictos y de las dinámicas analizadas en el capítulo del comportamiento social.

Alinear nuestras actuaciones y nuestras declaraciones con nuestros pensamientos y sentimientos internos nos coloca en el territorio de la coherencia y nos ayuda a vivir o transitar por un territorio libre de las fricciones internas que nos produce la incoherencia. Son fricciones cuya causa generalmente no somos capaces de atribuir a la incoherencia que las provoca. Solo un alto grado de auto-conocimiento nos permitirá detectar pronto la incoherencia y su origen, razón por la cual ese crecimiento en auto-conocimiento es siempre la mejor plataforma para nuestro propio gobierno.

Las fricciones y los desasosiegos derivados de la incoherencia nos hacen «estar mal», vivir con la incomodidad de pensar o sentir de una manera y actuar de otra. Es una incomodidad que nos quita la paz de vivir en la plenitud de ser quienes somos en todas nuestras vertientes, la interna y la externa. Es el dolor del desacoplamiento de nuestros ámbitos del pensamiento, el sentimiento y la emoción. La paz interior no solo se nutre de la coherencia, pero sale muy dañada de la incoherencia.

A nadie le gusta ser víctima visible de su propia incoherencia. Por ello, cada vez que caemos en incoherencia, nuestro cuerpo, de una u otra forma, detecta, incluso en el plano inconsciente, esa incoherencia y se ve atacado por esas fricciones interiores. Unas veces esa fricción se traduce en actitudes agresivas y otras veces defensivas. Son actitudes en ambos casos que afloran con el principal propósito de ocultar nuestra incoherencia, destruyendo en gran medida la buena comunicación y la relación con los demás.

Pero ser plena y permanentemente coherentes no es nada fácil. Creemos que nuestros pensamientos y creencias son de validez universal e inmodificable para nosotros sin darnos cuenta de que los mismos son consecuencia de nuestra perspectiva actual y de la acumulación de experiencias propias, además de ser cambiantes con el paso del tiempo. Y por ello podemos incomodarnos o sentirnos removidos por la incoherencia si nos hacemos preguntas del tipo: ¿Cómo podemos ser coherentes y juzgar con equidistancia cuando estamos apegados a nuestras creencias? ¿Cómo vamos a dejar de pensar que es normal lo que para nosotros siempre ha sido normal? ¿Cuánta gente tiene capacidad para darse cuenta de que su visión, lo que le parece normal, no deja de ser lo que le conviene, a lo que está acostumbrado y que corresponde de alguna forma a una cierta ideología conservadora de «lo nuestro»? ¿Cuánto nos cuesta ser coherentes para aceptar que aquello que defendemos disfrazado de ideología es en general lo que nos interesa? ¿Por qué es tan difícil darse cuenta de que lo que creemos que es algo a lo que tenemos derecho no deja de estar sujeto a una ideología y a un modelo social que es el que nos va bien y al que estamos acostumbrados? ¿Somos conscientes de que eso es ser conservadores? Y en el caso de los llamados progresistas (indebidamente según mi criterio), ¿por qué les cuesta tanto ser conscientes de que tan pronto se sitúan en posiciones de cierto privilegio les resulta imposible bajarse de ellas y se vuelven conservadores de su *statu quo*, entrando en claras incongruencias o incoherencias con los planteamientos que han estado defendiendo antes de situarse en sus privilegios?

Tras formular estos interrogantes, se hace obvio que encontrar nuestra coherencia interna total dentro de un sistema social es sumamente complicado. Me atrevo a decir que ser 100% coherentes es casi inalcanzable, salvo para verdaderos maestros humanos. Y quizá ni si quiera ellos puedan alcanzarla. Pero incrementar nuestros niveles de coherencia psicológica mejorará el camino de nuestra vida cuando la coherencia sea verdaderamente vivida. Y siempre elevará nuestra consciencia de ser ignorantes, al estilo del «*solo sé que no sé nada»* de Sócrates, pues solo el que es consciente y acepta esa enorme ignorancia será capaz de reducir sus niveles de incoherencia.

La coherencia interior exige gran auto-conocimiento para identificar nuestras necesidades psicológicas, nuestros deseos y motivaciones más profundos. Exige también una nítida escucha de nuestros sentimientos y emociones sin hacer represión de ellos. Y finalmente exige un discurso intelectual lo más sincero posible que sea capaz de integrar nuestras creencias con nuestros valores, y todo ello con el respeto a nuestros instintos y sentimientos. Sin duda una función matemática compleja que cada uno debería trabajar en la forma que personalmente le encaje en función de su profundidad presente y deseada, y en función de la posición en su *ranking* de valores de la coherencia o integridad.

LA VIDA ES UNA TRAYECTORIA

Llamo trayectoria vital a la historia viva, acumulada y andante de vivencias y experiencias de una persona, incluyendo por un lado lo que ha hecho y lo que ha sido, y por otro el espacio potencial de recorrido vital futuro desde el propio presente. Esto incluye nuestras pertenencias pasadas y presentes, nuestros quehaceres, las relaciones, con quién hemos convivido etc. en el pasado y su posible continuidad o discontinuidad en el futuro. Lo que ha sido normal para una persona en el pasado condiciona en gran medida su forma de estar en el presente y sus expectativas para el futuro. El pasado y nuestro presente constituyen la plataforma para abordar nuestro futuro próximo y lejano.

Para aprender a conocernos, y tras ello a gobernarnos, resulta de gran importancia hablar de trayectorias vitales, pues en gran medida somos el resultado de nuestra historia unida a nuestras ilusiones, expectativas y temores hacia el futuro, que se ven a su vez modulados por esa trayectoria.

Somos muy esclavos de nuestro pasado y vivimos atemorizados por nuestro futuro. Nuestro pasado nos condiciona mucho, muchísimo, y el futuro nos da miedo (a cada uno con su intensidad y formato), tanto por el general y subconsciente temor a la muerte y al más allá, como por el riesgo de perder lo que hemos sido o tenido hasta el presente, que sin duda es determinante de nuestra forma de ser y vivir. Es el temor asociado a los apegos que hemos ido adhiriendo a nuestra forma de ser, vivir y tener a lo largo de nuestra vida. La amenaza real o meramente mental a la pérdida de aquello a lo que estamos acostumbrados, a lo que queremos, produce temor, miedo y desasosiego, con claro deterioro de nuestra paz interior y serenidad.

El que ha sido rico puede necesitar ser rico y la bajada a ser un vulgar y corriente ciudadano le puede suponer una fuente de sufrimiento. Por el contrario, el que es de condición social y medios humildes y está acostumbrado a serlo pues siempre lo ha sido, convive con esa escasez de recursos probablemente con normalidad y sin sufrimiento. Al fin y al cabo es su normalidad. Y la mayoría de las personas vivimos con normalidad con lo que ha sido y es normal o habitual para nosotros. Esto no quiere decir que no haya personas inconformistas e insatisfechas, tengan lo que tengan y estén donde estén. Pero la regla general es que alguien se alegra cuando consigue algo que no tenía o escala un peldaño en sus aspiraciones. Y contrariamente sufrimos cuando perdemos algo que veíamos como propio por ser parte de nuestra normalidad.

La trayectoria está relacionada con la conquista de bienes y situaciones, de logros, de superación de etapas, de escalada social, profesional o de crecimiento personal. Y es indudable que lo que hasta ahora ha sido nuestro recorrido condiciona mucho nuestro estado presente y nuestras aspiraciones. Vivir con unas razonables aspiraciones y luchar por ir conquistándolas es una fuente de felicidad y satisfacción indudable, con independencia de cuál sea el nivel de aspiraciones de cada uno. Se dice que la «motivación del logro» es una de las más poderosas y satisfactorias motivaciones. Y ello debe ser compatible en mi opinión con la maravillosa y deseable facultad de aceptar la frustración cuando no conseguimos nuestras deseadas metas o vemos truncada nuestra normal trayectoria.

La influencia que cada uno puede tener en el dibujo de su línea o trayectoria de vida es importante para gestionar una vida con interés, con sueños, con metas y aspiraciones y mantener así la ilusión y el deseo de vivir. Por ello es muy recomendable tener presente esta visión a la hora de tomar las grandes decisiones que condicionan nuestra vida.

Sin embargo, hablamos muy poco de las trayectorias, a pesar de ser un factor muy clave en la ecuación de felicidad de cualquier persona. La realidad es que nuestro pasado nos condiciona enormemente, y aquello con lo que hemos vivido se convierte en parte de nuestra vida pues asumimos que no se puede perder. Al estar acostumbrados a algo mantenerlo nos deja neutros, pero perderlo nos genera sufrimiento, lo que muestra la relevancia de su adecuada gestión.

Pongamos un ejemplo muy visible para observar la importancia de una buena gestión de nuestra trayectoria. Imaginemos que tenemos un hijo de dieciséis años que es líder de un grupo musical de enorme éxito que empieza a tener miles y miles de fans y sustanciosos ingresos. Olvidarnos de la trayectoria de ese chico implicaría celebrar y jalear sin más sus éxitos y dar la bienvenida a los ingresos para disfrutar de ellos hasta su agotamiento. Nuestro hijo, y quizá nosotros, viviríamos con una creciente alegría económica y henchidos con el aplauso creciente a nuestro hijo. Seguramente si vivimos y hacemos que nuestro hijo viva sin filtro alguno en el presente disfrutando de sus éxitos, estaremos gestionando mal una vida de éxito prematuro, desaprovechando el recorrido de ese éxito y su traducción o extensión hacia un bienestar prolongado. Estaríamos a su vez dejando de invertir esfuerzo en preparar psicológicamente a nuestro hijo para cuando los aplausos se agoten o se vean reducidos. Posiblemente estaríamos contribuyendo con nuestra pasividad al engreimiento de nuestro hijo y a crear el fracaso personal de un chaval que morirá de éxito, ya sea por un progresivo despegamiento de los pies del suelo o por no saber aceptar la reducción de su éxito cuando ello ocurra... O, lo que es lo mismo, por no haber dado suficiente importancia a la «trayectoria de vida».

La vida es larga y tiene sus etapas. El recorrido por la vida puede hacerlo cada uno como considere y cualquier elección es buena si se hace responsablemente y con conocimiento de causa. Pero cada edad o cada época de una vida está hecha para una cosa. Hay etapas para descubrir, para aprender, otras para trabajar duro, otras para disfrutar de lo trabajado. Edades para conquistar y edades para disfrutar de lo conquistado. Y cada edad tiene su nivel de energía, pues nada se parece la energía de alguien de veinte años a la de quien tiene setenta que lleva tras de sí una larga vida de trabajo.

Seguro que algún lector piensa que más importante que gestionar una trayectoria es enseñar al cuerpo a aceptar lo que en cada momento nos venga, o, lo que es lo mismo, a saber disfrutar del presente con lo que tengamos y al margen de lo que hayamos tenido o sido en el pasado, a no vivir esclavos de nuestro apegos y a ser libres sabiendo vivir y disfrutar del momento presente. Comparto enteramente esa visión y pienso que nada es más importante que desarrollar esa facultad de vivir en el presente y liberarse de los apegos materiales o inmateriales como pregonan los budistas. Pero ello exige una virtud que pocos maestros de la vida alcanzan y la mejor o peor gestión de nuestra trayectoria nos hará más fácil o más difícil acercarnos a esa virtud.

Pero, aun sin renunciar a promover y perseguir esa virtud, este libro no tiene su foco en ser guía de desarrollo de virtudes, sino en conseguir una breve y sencilla explicación de cómo funcionamos como humanos y qué es lo que nos mueve. Se trata de dotarnos de mayor información para administrar nuestras distintas preferencias, capacidades y mecanismos de funcionamiento y así conseguir un resultado satisfactorio para nuestro discurrir por la vida. Y por tanto, con ese objetivo, la toma de conciencia de que la vida es una trayectoria es de gran relevancia para saber quién dentro de nosotros debe tomar los mandos de nuestro propio gobierno y con qué criterios o consideraciones. Siendo realista y sabiendo que las capacidades que tenemos para liberarnos de nuestros apegos y para vivir plenamente en el presente son limitadas, me permito recomendar a quien esté «a los mandos de cada uno» que no olvide cuidar su trayectoria en sus decisiones.

La «trayectoria buena» no es única, pues cada perfil personal tendrá trayectorias más o menos convenientes. Unos necesitarán más progresión o continuidad. Otros tolerarán mejor los altibajos y por ello podrán vivir más al ritmo de un acontecer espontáneo. Otros necesitan siempre ir conquistando metas pues no saben estar parados, mientras que algunas personas saben disfrutar de su éxito temprano sin necesidad de posteriores logros. Y así podrían describirse múltiples estilos, cargados cada uno de matices. Pero sin duda estos factores, combinados con otros que aquí estamos analizando, formarán parte de la ecuación de nuestro bienestar o felicidad a lo largo de la vida y será por tanto importante tenerlos presentes en la propia gestión.

LA SERENIDAD, UNA GRAN ALIADA

Si queremos ser soberanos para decidir quién manda en nosotros, resultará imprescindible entender, desarrollar y entrenar la serenidad.

La serenidad es un estado (con al menos cierta continuidad) que nos permite tener una paz interior, lo que a su vez nos posibilita un ejercicio completo y correcto de nuestras facultades mentales, emocionales y sentimentales. Una persona serena es capaz de escuchar su emocionalidad, a la vez que utiliza y somete a análisis esa emocionalidad y sus sentimientos conjuntamente con aspectos más lógico-racionales. Nos permite escuchar, respetar, mimar y utilizar a la vez nuestra cabeza y nuestro corazón.

La serenidad nos permite observar las situaciones internas y externas de forma completa. Cuando estamos serenos nuestra subjetividad es una subjetividad sin las alteraciones propias del desasosiego o de un miedo paralizante o distorsionador. Somos capaces de observar, prestar atención a toda una gama completa de información y estímulos manteniéndonos protegidos de una atención limitada o desenfocada. Estando serenos podremos observar y ver nuestra situación en el contexto y con nuestras preferencias internas (emociones y sentimientos), sin negarlas y respetando quienes somos y nuestra voluntad y esencia profundas. La serenidad nos permite aceptar nuestra subjetividad sin renegar de ella en el análisis y juicio de las cosas.

La persona serena siente paz en la mirada a las cosas. Siente paz cuando elabora en su interior reflexiones para tomar decisiones. Tiene mayor capacidad para hacer listas de ventajas e inconvenientes de una y otra decisión. La serenidad nos permite también trabajar y dedicar nuestra energía, nuestro tiempo y nuestros esfuerzos a aquello en lo que podemos influir sin desgastarnos infructuosamente con aquello con lo que nada podemos hacer por no depender de nosotros. Y, algo muy importante: nos permite tomar decisiones respetuosas con nosotros mismos cuando en la decisión están en juego consecuencias, materiales y objetivas por un lado, y emocionales y sentimentales por otro. Solo la serenidad nos permitirá evaluar y poner peso a las distintas variables y consecuencias que se ven afectadas por una decisión.

¿No es verdad que a veces conviene contar hasta diez cuando el cuerpo nos pide una reacción inmediata ante algo? En realidad, durante esos diez segundos estamos poniendo en *on* y rearmando nuestra serenidad para retomar conciencia de nuestro estado emocional y recuperar una perspectiva más completa de las cosas. Podremos tras ello decidir no bajarnos del coche y agarrar de las solapas al conductor que nos ha efectuado una faena y encima nos ha hecho un corte de mangas.

¿Cómo puedo decidir si es mejor aceptar una oferta para trabajar en Inglaterra o bien quedarme a hacer un máster en España? ¿Cuánto pesa cada uno de los factores? ¿Cuánto están influyendo la incertidumbre y el miedo en la decisión? ¿Cuánto valoro dejar a mi novia en España si me voy? ¿Y la separación de mi familia y amigos? ¿Y cómo combino todo esto con la valoración del buen sueldo que recibiré en Inglaterra y de la oportunidad profesional que supone? En definitiva, se trata de una decisión en las que se mezclan argumentos, ventajas e inconvenientes de distinta naturaleza. Irremediablemente nos obligan a decidir «mezclando churras con merinas». Y para ello la serenidad atenúa nuestra agitación mental y es por tanto una gran aliada. Desde su propio silencio, es una gran escuchadora de todo nuestro ser en sus distintas facetas y mecanismos y sabia para templar los conflictos que puedan surgir entre ellos.

Solo un estado de serenidad nos permitirá hacer ese ejercicio intuitivo y racional combinadamente para adoptar la mejor decisión. Solo la serenidad nos permitirá escuchar nuestros sentimientos, emociones, preferencias y motivaciones últimas, los acomodamientos sanos o insanos que provocan nuestras limitaciones a salir de nuestra zona de confort. En definitiva, la serenidad nos ilumina para practicar la mejor reflexión por un lado y la mejor escucha interna emocional y de sentimientos por otro, eliminado ruidos distorsionadores. Y tras ello nos otorga la facultad de ponderar con «nuestra mejor arbitrariedad» los distintos factores en juego.

Aprecio en mí serenidad cuando me siento seguro, acogido, querido por el entorno que me rodea y es importante para mí. Se vive con serenidad cuando uno es capaz de «aceptar» internamente las cosas que irremediablemente pasan o suceden, las que son inmodificables. Pues la serenidad engrana y encaja con paz y acierto en nuestro beneficio nuestra función de reflexión y análisis con nuestro sistema emocional y de sentimientos. Por ello, el mejor aliado de la serenidad es nuestro filtro interno para escuchar, leer y juzgar las señales y los mensajes de nuestros miedos, euforias y demás pasiones y aplicarlos, ya tamizados, a nuestras preferencias estables y profundas y a la vocación vital.

Es por eso importante que quien mande en mí, al menos en momentos importantes, lo haga desde una buena serenidad.

CONTANDO HASTA DIEZ, EL CONTROL DE NUESTRAS REACCIONES EMOCIONALES

Tomar conciencia de cuanto vengo diciendo en este libro sobre la emocionalidad constituye un primer paso para poder actuar con serenidad y plantearse una adecuada gestión de nuestras emociones. Estas tienen naturalmente un comportamiento espontáneo, y es precisamente esa espontaneidad inconsciente y refleja la que constituye un poderosísimo escudo protector para nuestra supervivencia y la protección de una buena vida. En general, la respuesta espontánea de nuestro sistema emocional constituye un acierto para nuestra protección en la inmensa mayoría de nuestras reacciones. De entre las múltiples reacciones y mini-reacciones que a lo largo del día hacemos espontáneamente, solo un mínimo número pueden resultar perjudiciales o desacopladas si las dejamos vivir en la espontaneidad y mantenerse en el tiempo con el efecto de ceguera y distorsión de nuestra racionalidad fruto del secuestro emocional.

Pero lo cierto es que cuando ese mínimo porcentaje, en forma de reacciones emocionales inapropiadas, entra en juego, el efecto negativo puede ser muy grande para nosotros. La ceguera, un enfado o un bloqueo extremos o persistentes pueden impedirnos alcanzar soluciones en asuntos en los que es necesario pasar página o cerrar pragmáticamente un acuerdo en una discusión. Atascarse en la emocionalidad ante un problema o ante tensiones de cualquier tipo nos lleva a la irritación, al sufrimiento, a la pérdida de claridad mental, al insomnio etc. Además, directa o indirectamente tendrá seguramente un importante efecto negativo en nuestros intereses materiales.

Por ello la toma de conciencia y nuestro desarrollo en esta competencia de «hacernos conscientes» de cómo está funcionando nuestro sistema emocional en cada momento se hace vital como plataforma desde la cual construir cualquier estrategia de respuesta no enteramente espontánea.

Como se deduce de lo escrito hasta ahora, nuestras emociones se desencadenan automáticamente ante situaciones o estímulos que aconsejan alguna respuesta o prevención por nuestra parte para una buena defensa de nuestra supervivencia biológica o social y de la calidad de nuestra vida.

Por ello el disparo de las señales emocionales no debe ser dependiente de nuestro control consciente. Es precisamente ese automatismo de nuestras alarmas emocionales el que nos permite vivir tranquilos sabiendo que podemos dedicar nuestra atención a otros menesteres, pues nuestro sistema emocional llamará nuestra atención cuando existan motivos para ello, despertándose automáticamente el miedo, la sorpresa, la alegría, o lo que corresponda. A partir de esa llamada podremos y deberemos poner atención y energía en los estímulos que despiertan la alarma.

La capacidad de intervención consciente solo debería por tanto producirse tras la recepción de un disparo emocional espontáneo. Nuestro sistema emocional no se queda en dar la alarma, sino que desencadena también una estrategia de respuesta ante el peligro o la situación detectada. La emoción, por ejemplo, despierta nuestra irá segregando adrenalina o nos paraliza (inútilmente) ante el miedo, nos desasosiega anulando nuestro buen juicio... Haciendo un símil podría decirse que nuestra emoción, como alarma interna, no se limita a sonar como suena una alarma anti-incendios conectada a un detector de humo, sino que actúa espontáneamente desencadenando el sistema de respuesta ante el fuego, poniendo en marcha rociadores de agua, el bloqueo de puertas de compartimentación, etc. O en el caso humano segregando adrenalina, temblando, con lágrimas, etc.

Pues bien, es en esta segunda fase, tras la alarma, cuando nuestra razón debería tomar los mandos para administrar inteligentemente y en nuestro beneficio nuestra respuesta ante el peligro o interés detectado. Es nuestra toma de conciencia de estos fenómenos internos la que puede empezar a permitirnos actuar para evitar o modular una respuesta espontánea (y su continuidad) de carácter emocional que sea inadecuada. Siguiendo con el símil de la alarma anti-incendios, podría decirse que tras encenderse la sirena y las luces de alarma, nosotros de forma consciente podríamos desconectar esas luces y sirenas y el sistema de rociadores de agua automatizados si verificamos que no se trata de un incendio sino de una acumulación de humo mientras cocinábamos.

Y es ahí, percibida la información que nos trasmite la emoción, cuando podemos evaluar cuál es el comportamiento y la reacción adecuados y las consecuencias que de ello se pueden derivar. Es entonces cuando podemos y debemos contar hasta diez para «hacernos dueños» de nuestros comportamientos para elegir y poner en práctica nuestras mejores respuestas o acciones. Podremos elegir aquello tan difuso y difícil de determinar como es «lo que más nos conviene». En la vida real, ser capaces de no dejarnos llevar por nuestras respuestas emocionales cuando son inapropiadas nos evitará muchos problemas.

Como veíamos en el apartado anterior sobre la serenidad, aprendamos a contar hasta diez antes de reaccionar cada vez que sea necesario.

PREMIOS Y RECOMPENSAS, HACIA EL PUNTO DE EQUILIBRIO

Otra cuestión de gran relevancia en nuestro propio gobierno está relacionada con la forma y el tiempo en la administración de los premios y recompensas que recibimos en función de nuestras acciones.

Son famosos algunos estudios realizados con niños de forma prolongada en el tiempo en este campo. Los resultados acreditan que los niños que son capaces de aplazar sus recompensas alcanzan más éxito en aspectos académicos en la vida. O, lo que es lo mismo, los niños de escasos años que son capaces de no comerse un caramelo ante la promesa de que recibirán dos si pueden esperar diez minutos antes de comérselos «llegan más lejos» en la vida. En el estudio, se hace un seguimiento de los niños a lo largo de muchos años tras el experimento, pudiendo concluirse que los que vencieron la tentación de comerse el caramelo inmediatamente no solo obtuvieron el doble de caramelos, sino que sus estudios y carreras fueron claramente más exitosos.

Evidentemente, ese mayor éxito no es el resultado de vencer una vez la tentación. Pero lo que podría deducirse del experimento es que quien es capaz de posponer (con esfuerzo o sacrificio en el presente) un premio o recompensa desarrolla una capacidad de esfuerzo y auto-control que le llevará a mayores logros, metas y resultados. El que tiene capacidad de permanecer estudiando en casa, en lugar de salir cada vez que le llama un amigo tendrá muchas más posibilidades de terminar con éxito su carrera.

Siempre he pensado que algunas personas son excesivamente perfectas y disciplinadas en este aspecto y que ello les lleva a grandes logros, éxitos y reconocimientos. Desde fuera algunos podrán pensar que esos éxitos lo son a costa de una vida de muchísimo sacrificio y con pocos momentos para «dejarse llevar» y disfrutar. Una vez más no existe una medida exacta de lo adecuado, no es fácil saber cuándo hay que frenarse y cuando hay que dejarse llevar. Pues no es más feliz el que más títulos o resultados de un tipo u otro consigue sino el que sabe vivir y gestionarse una vida con los logros que «necesita» para su felicidad.

Por ello, encontrar el punto de equilibrio óptimo para cada uno es una importante labor, para ser capaces de aplicar el esfuerzo y posponer las recompensas de forma adecuada conforme a nuestra personalidad. Y desde luego elegir en qué campos o ámbitos de nuestro desarrollo nos esforzamos de forma destacada para conseguir alcanzar nuestro nivel óptimo de metas. Podremos así conseguir los objetivos que nos hemos marcado y nos conviene alcanzar, para seguir una trayectoria de logros y consecuciones adaptada a lo que somos cuando de verdad nos hablamos desde nuestro ser dotado de sentido profundo y equilibrado. Con ello, podremos conocer y ponderar las consecuencias de dejarnos llevar por la tentación del momento y las de controlar y aplazar la recompensa. En definitiva, nos haremos así mucho más «dueños de nosotros mismos» y de nuestra trayectoria de logros y consecuciones. Y la voluntad, que enseguida analizaremos, es clave para ello.

ACTITUD, LA GRAN FUERZA MOLDEADORA

Nuestras actitudes condicionan nuestra forma de ver el mundo y de enfrentarnos a él. Las actitudes positivas nos dan confianza y amplían nuestras posibilidades de actuación. Quien tiene confianza en poder atravesar un desierto tendrá más posibilidades de conseguirlo. Quien sale a ganar un partido con el espíritu de «comerse el mundo» es posible que se haga dueño del campo y acabe con una victoria. Quien centra su mirada en las cosas buenas de la vida y en aquello que le produce satisfacción o bienestar, estará más en presencia de ese bienestar y durante más tiempo. Por el contrario, el que fija su atención en lo negativo tenderá a estar menos alegre y esponjado y provocará menor atracción en quienes le rodean, que posiblemente se acercarán más a quienes están alegres o son positivos.

Las actitudes condicionan también nuestra forma de actuar y nuestra forma de experimentar lo que vivimos, nos llevan a disfrutar y sacar partido de lo que nos pasa o a lo contrario. Nos empujan con fuerza y determinación hacia ciertas acciones, o nos frenan y nos mantienen en la duda.

Por alguna razón encuentran lo que buscan o aquello en lo que ponen su foco, ya sea bueno o malo. Y así, el que se fija en los defectos de las cosas y las personas acaba viviendo en un mundo plagado, rodeado o impregnado de personas llenas de defectos. Pero el que se centra en las virtudes, dones y aspectos más positivos de las personas vive una vida rodeado de personas cargadas de ellos. En uno y otro caso las personas de nuestro entorno tendrán tanto virtudes como defectos, pero nuestra vida con una u otra actitud será radicalmente diferente.

A pesar de que se tiende a recomendar las actitudes positivas, la actitud alegre y la de auto-confianza, como he hecho a lo largo de este libro, no me atrevo a hacer ninguna recomendación de forma categórica pues ¿quién no ha visto personas felices con su tristeza o tristes con su supuesta felicidad? Estoy seguro de que hay personas tristes que son felices y personas alegres por actitud que sin embargo viven con enorme tristeza o vacío interior. Pero por ello lo que sí me atrevo a destacar es la importancia de tomar conciencia del papel de las actitudes como modeladoras de nosotros mismos. Y desde esa consciencia y desde nuestro auto-conocimiento deberemos cada uno tratar de controlar, o al menos influir, en nuestras actitudes para practicar aquellas que nos resultan más satisfactorias para respetar quien verdaderamente somos. Cada persona tiene su propia ecuación adecuada de actitudes, y cuanto más conocimiento tengamos de ello en mejor disposición estaremos para su gestión.

¿Podemos decidir nuestras actitudes? Creo que difícilmente podremos manejar nuestras actitudes verdaderas con simples decisiones por nuestra parte. Quizá las aparentes sí son más manejables en nuestra condición de actores. ¿No sería maravilloso sería decir «voy a estar alegre» y que ello me convirtiera en alegre? ¿O en optimista cuando tengo tendencia a verlo todo negro?

Nuestras decisiones son sumamente importantes, pero lamentablemente adoptar determinadas actitudes y vivir con ellas en nuestra profundidad, más allá de la superficie, no es solo cuestión de una decisión. Nuestra constitución genética o nuestra trayectoria por la vida nos han dotado de unas actitudes-tendencias con las que espontáneamente vivimos. Unos son alegres y no han hecho nada para serlo, como otros parecen haber nacido pesimistas sin saber por qué. Por ello, si queremos hablar y sacar partido a un mayor conocimiento de nosotros mismos para gestionarnos adecuadamente, deberemos conocer y ser realistas para saber en qué medida uno puede modificar o influir en sus actitudes.

Para cada persona hay unas actitudes o una combinación de las mismas que serán las más convenientes para lograr su propósito vital y llevar una vida satisfactoria según sus serenos criterios. Podría decir que las que son adecuadas para mí también deberían serlo para los demás. Pero pensar eso sería despreciar la singularidad y las peculiaridades de cada individuo. Cada persona disfruta, sufre y padece de formas distintas, y por tanto lo que para unos funciona más adecuadamente es diferente de lo que funciona para otros. Pero sí me atrevo a algo tan genérico como afirmar que resulta muy importante para nuestra vida tratar de conseguir las actitudes que nos ayuden no solo a nuestra supervivencia sino a un feliz transcurso por la vida.

Y de forma similar a las reflexiones que haremos en relación con la voluntad, el cambio de una actitud a otra puede empezar con nuestra decisión de querer cambiarla. Tan pronto nos reafirmemos en una verdadera voluntad de tener unas buenas actitudes, nuestro interior empezará a moldear nuestra química y nuestros hábitos para quizá un día conseguir vivir con esas actitudes que decidimos tener. Y la atención puesta en encontrar cosas por las que dar gracias nos pondrá muchas buenas cosas delante, permitiéndonos vivir el agradecimiento. Y la reiteración de ello, fruto de nuestro compromiso de hacerlo así, irá moldeando nuestra actitud hacia las actitudes que busquemos y nos esforcemos por alcanzar.

Los estímulos exteriores serán muy importantes para ayudar a esas nuevas actitudes deseadas a imponerse como las habituales en nosotros. Las comunidades impregnadas de confianza desarrollan actitudes de confianza, como desarrolla el agradecimiento un entorno de personas agradecidas.

La actitud moldea nuestro cuerpo y nuestro cuerpo moldea nuestra actitud. El que siempre se esfuerza en sonreír acaba estando alegre. Busquemos y decidamos lo mejor posible cuál es la mejor actitud para cada uno para mirar al mundo. Confiemos en nuestra capacidad de montarnos en ella pues con tesón, práctica y perseverancia conseguiremos adoptarla como nuestra. Y busquemos como ayuda personas que compartan esas actitudes, pues ello nos ayudará a vivir impregnados de las mismas.

HUMILDAD, ES GRANDE ACEPTAR QUE SOMOS PEQUEÑOS

La humildad es la gran puerta de entrada a la felicidad. Pocas dudas tengo de que esta receta es universal y válida para cualquier persona que quiera ser de verdad quien realmente es y estar libre de las esclavitudes del orgullo y la arrogancia.

Nuestro orgullo nos limita. Nos impide ser quienes somos para desgastarnos en ser o aparentar ser lo que los demás ven o creen de nosotros. El orgullo nos hace regalar el poder de manejarnos a aquellos frente a los que nos mostramos insanamente orgullosos y dignos. Nos hace olvidarnos de nosotros y vivir con los ojos de los demás. Nos hace creernos que controlamos las cosas, sin darnos cuenta y aceptar que poco hemos hecho para contar con la fortuna y los méritos que se nos atribuyen. Nos obliga a vivir con el apego a eso que somos, que no es sino el personaje o la imagen que nos hemos forjado frente al mundo y que hemos luchado por mantener.

El orgullo nos impide rectificar cuando nos hemos equivocado. Nos impide evolucionar y crecer, cambiar creencias que ya no compartimos, pues nos da miedo que un cambio en nuestras opiniones o en la forma de vivir, o el hecho de convertirnos en alguien distinto a quien socialmente representábamos, sea visto como una debilidad. Parece que nos preocupa pensar en lo que la gente dirá o pensará en línea con «mira fulanito, que siempre ha sido... y ahora resulta que...». Y nuestro orgullo internamente nos dice que «cómo vamos a admitir que durante mucho tiempo estuvimos ciegos ante algo que ahora vemos. ¿Es que he estado ciego toda la vida hasta ahora? Pues si estuve equivocado o ciego, qué se le va a hacer. Ahora veo las cosas como las veo y no tengo que esconderme ni dejar de ser como soy porque antes, cuando estaba menos evolucionado, veía las cosas de otra manera».

El orgullo nos lleva a vivir con actitudes agresivas o defensivas. Nos impide ver y convivir amablemente con las debilidades y limitaciones que todos tenemos. La humildad, por el contrario, nos permite aceptarlas y convivir con ellas con naturalidad. Cada uno tenemos las nuestras y hay que aceptarlas, pues la no aceptación no cambia la realidad de las mismas y es causante de fricciones interiores. Y el que niegue que las tiene tendrá además el problema de ser un soberbio, un arrogante, o simplemente de estar muy limitado en su capacidad de auto-juicio.

La humildad nos lleva al territorio de la aceptación. Es un espacio de infinita paz en el que nos aceptamos con nuestras debilidades. Y vivir en él nos lleva a aceptar a los demás con las suyas. Y si los demás no aceptan las suyas o las nuestras no será problema nuestro sino de quien no las ve o acepta. Pero esa ceguera o la falta de aceptación de los demás no debería condicionar nuestra feliz trayectoria por la vida. Lo que piensen los demás no debería condicionar nuestra libertad cuando no hay motivo de vergüenza en nuestra forma de actuar.

Qué difícil es practicar la humildad a pesar de ser el gran comodín para la mejora de nuestra vida en tantos y tantos aspectos. Adoptar una actitud humilde en la vida no significa bajar ninguna expectativa en nuestros objetivos o propósitos. Por el contrario, es un refuerzo para identificarnos con autenticidad con lo que somos y lo que queremos hacer en este mundo. Paradójicamente, mi humildad, las veces que la consigo, es mi mayor fuerza para alcanzar los logros que realmente me mueven en este mundo. Y de ello, y aunque suene paradójico, me puedo sentir orgulloso. Pues este es un orgullo sano que no se construye sobre arrogancia alguna ni sensación de superioridad frente a los demás, sino como satisfacción frente a mí mismo por los esfuerzos y progresos en mi camino.

Somos lo que somos, enorme y humildemente grandiosos. Pero ello es así de forma necesariamente compatible con la plena y pacífica aceptación de nuestra enorme pequeñez. Y esa aceptación de nuestra pequeñez nos hace grandes, libres, reales y amorosos frente a nosotros mismos y frente a los demás. Vayamos hacia donde vayamos, no nos olvidemos nunca de tomar todos los días nuestras píldoras de humildad. Pues si todo el mundo las tomara siempre, el mundo sería otra cosa, con mucho más amor y felicidad. Probablemente sería el Paraíso.

Asegurémonos por tanto de que, quien quiera sea el piloto que nos gobierne, lo haga con el traje y el corazón de la humildad. Y si no es así destituyámosle para poner alguien que sí lo haga.

VOLUNTAD Y CREACIÓN DE HÁBITOS, SUPERVIVENCIA DE CALIDAD

Solemos llamar voluntad a la capacidad de actuar conforme a decisiones tomadas de forma consciente y adoptadas tras un análisis de lo que nos conviene, de lo que deberíamos hacer. Podríamos definirla como un músculo que nos permite hacer cosas que no nos apetece hacer pero que consideramos que nos convienen o que son las que debemos hacer por cualquier motivo.

La voluntad es un músculo cuyo entrenamiento y buena forma resultan imprescindibles para garantizarnos una supervivencia de calidad y para no caer en «el abandono personal» o en la dejación para acometer cosas importantes. Nos defiende igualmente de caer en los vicios a los que en ocasiones podemos vernos arrastrados, adoptando en esos casos el nombre de auto-control.

Es precisamente la voluntad la que nos permite posponer los premios y recompensas en la vida y conforme a ello sacrificarnos en el presente (por ejemplo, estudiando) para un día cosechar los frutos del esfuerzo, de esa «fuerza de voluntad». Nos permite también tomar las decisiones que nos convienen y ejecutarlas, analizando las circunstancias desde un puesto de mando superior, capaz de vencer la pereza y liberarse de la tentación del placer cortoplacista, la evitación del conflicto o las situaciones desagradables. Salvando las distancias y a modo meramente ilustrativo, es de suponer que es la voluntad la que decide y se impone en las hormigas para ser trabajadoras y asegurarse una buena cosecha para sobrevivir en el invierno como ocurría en el famoso cuento. Frente a ellas, la cigarra opta por entregarse a la comodidad de la vida presente sin esfuerzo, disfrutando de «la buena vida» sin esperar ni contemplar que quizá en el futuro vengan tiempos duros para los que habría que haberse preparado. Es difícil saber si las hormigas «hacen esfuerzo» o por el contrario su programación instintiva las guía sin alternativa al trabajo eximiéndolas de cualquier lucha interna derivada de la libertad de optar por otras opciones. Pero en el hombre ese tipo de esfuerzos exige de esa «fuerza» de voluntad, precisamente para vencer las tentaciones de seguir caminos más fáciles en el ejercicio de nuestra libertad.

Considero a la voluntad como un músculo que nos permite efectivamente hacer lo que decidimos que nos conviene hacer (tras la mejor valoración o análisis para llegar a considerar que es lo mejor), sin dejarnos vencer por la pereza, la inercia de las cosas o la procrastinación ante aquello que nos cuesta. Es también la que nos permite cumplir con nuestros compromisos de estudiar, ir al gimnasio o dejar de fumar, comer o beber.

Por ello una voluntad entrenada resulta mucho más eficaz para disponer de ella al servicio de «nuestras mejores decisiones». Entrenar ese músculo y superar esas tentaciones para imponernos nuestra propia voluntad es seguramente el mejor ejercicio que podemos practicar como pilotos de nosotros mismos. Entrenada la voluntad, conseguiremos desarrollar hábitos que eliminarán o reducirán significativamente la «fuerza» (sacrificio) de voluntad para desarrollar las acciones que se convierten en objeto de un hábito. Un ejemplo de ello es la inercia (casi libre de esfuerzo y consumo de energía) de quien se ha acostumbrado a correr todos los días una hora, a estudiar, a rezar, o a cualquier actividad que inicialmente nos suponga una importante lucha con nosotros mismos o, lo que es lo mismo, que nos exija fuerza de voluntad. Adquirido el hábito con el músculo de la voluntad, el esfuerzo, el consumo y el desgaste energético que representa hacer las cosas se reduce muy significativamente.

El entrenamiento de la voluntad para unas y otras tareas supone igualmente el desarrollo de ese músculo de forma genérica, colocándonos en situación de mayor libertad para nuestras elecciones, al estar más preparados (con menor esfuerzo) para abordar tareas o acciones que supondrían un tremendo esfuerzo sin ese entrenamiento. Se trata de desarrollar el hábito del esfuerzo y el auto-control que nos servirá para ejecutar cualquier decisión de hacer o no hacer que adoptemos.

Conocemos muchas situaciones de personas que se tiran años diciendo que van a hacer algo que requiere un esfuerzo y que supondrá para ellos un cierto cambio en su vida: «voy a adelgazar y a cuidarme, a ir al gimnasio, a dejar de fumar». Tienen siempre una intención que parece sincera pero jamás lo consiguen. Pero de repente algo ocurre y su fuerza de voluntad empieza a funcionar. El fenómeno es especialmente observable en personas en situación de abandono, de gran indolencia o incluso de depresión o semi-depresión en las que, sin saber por qué, un día un chispazo parece que provoca un cambio.

Siempre me he preguntado qué es aquello que hace que alguien que lleva toda su vida queriendo adelgazar o ir al gimnasio de repente un día haga un clic y se ponga exitosamente a ello. El temor al deterioro personal y lo atractivo de soñar con una situación mejor han sido ya motivaciones para el deseo y la adopción de la decisión de hacer algo como adelgazar. Pero hasta ahora no ha funcionado para poner en marcha la fuerza de voluntad necesaria para ejecutar la decisión. Por ello parece que, al menos muchas veces, hace falta algo más que el sistema normal de motivaciones. Trataré de responder a esta cuestión, aunque reconozco que la respuesta es solo una especulación. Una especulación que baso únicamente en una combinación de observación y de mis experiencias vividas en carne propia.

Según esa especulación, en tales situaciones hay dos tipos de factores que nos permiten salir de esa espiral negativa de abandono o incapacidad de hacer lo que queremos y hemos decidido (con la cabeza) hacer. Ambos tipos entran en el ámbito de las motivaciones, aunque son motivaciones de nivel extremo:

- Por un lado, unos factores negativos en forma de gran temor, miedo o casi pánico a morir, a perder la salud o a ser rechazado, o a entrar en una situación de grave deterioro personal o social. Y digo temor grave o pánico porque el temor leve ya habrá sido tenido en cuenta para la decisión de adelgazar sin que haya sido efectivo para doblegar nuestras inercias que nos impiden cumplir o ejecutar lo decidido. Es algo también asimilable a lo que llamamos «tocar fondo».

- Y por otro, ciertos factores positivos en forma de chispa de amor percibido de alguien o construido en forma de ilusión amorosa dentro de nosotros mismos, incluso en forma de amor propio o autoestima. Esa chispa, seguramente se construirá en nuestro interior, pero partiendo de algún estímulo que nos ha despertado una ilusión mental relacionada con el amor de un tipo u otro, o nos ha dado luz, chispa o energía para ser nosotros mismos quienes creemos el estímulo con el acervo de recuerdos y experiencias que tenemos en nuestra memoria. La construcción de una imagen de nosotros mismos como «muy digna de ser queridos» y proyectada en el futuro puede ser uno de esos estímulos auto-creados como chispazo de autoestima y amor propio motivadores de la ilusión (asociada a ello) de que ese «nuevo yo» posiblemente nos traerá el amor de otras personas.

Los terapeutas, *coaches*, formadores... tienden a decir que está dentro de nosotros la capacidad de decidir y ejercer nuestra voluntad. Y yo no quiero disentir plenamente de ello. Pero, como ya he manifestado, soy escéptico respecto de la existencia de un verdadero «libre albedrío» y de una auténtica capacidad de decisión auto-gobernada y libre de la injerencia de estímulos exteriores. Considero por ello, en relación con la voluntad, que cada acción o decisión que adoptamos es fruto de una multiplicidad de circunstancias y condicionamientos que se dan en el momento en que se produce. Incluso cuando salimos de la inercia negativa que nos impide ejercer nuestra voluntad (por ejemplo, dejando de comer o yendo al gimnasio), el cambio está causado o al menos muy relacionado en última instancia, por un estímulo externo positivo conectado con el amor o las relaciones amorosas en sentido amplio de «querer y ser queridos». O, alternativamente, con un estímulo negativo, por algo que nos enfrenta de forma más próxima a un serio riesgo de muerte o deterioro físico o social.

Es también cierto que a menudo creamos estímulos o construcciones internas motivadores apoyándonos en estímulos externos que son más bien ilusiones o auto-creaciones. Es lo que nos ocurre cuando un sueño o fantasía construido en nuestra imaginación nos hace tener o proyectar vivencias como si fueran ciertas, suponiendo un efectivo estímulo pseudo-externo por más que sean de creación interna. Creo por ello que solo el amor real o el imaginado y personalizado en personas concretas (aunque sean imaginadas) puede sacarnos de esas situaciones de negativismo y anulación de nuestra voluntad. Crearse sueños motivadores, con la debida prudencia, puede ser un eficaz y bonito acicate para nuestra voluntad.

Consecuencia de las anteriores reflexiones, cuando pretendemos ayudar a alguien a salir de situaciones de abandono o atrofia de la voluntad será imposible prestar una verdadera ayuda si no se da una compartida conexión amorosa de una u otra forma entre quien ayuda o inspira y quien, sintiendo esa conexión, recibe cariño como fuerza que le ayuda a tener un punto de inflexión en su negativa espiral de dejación o abandono.

Me contaba hace un tiempo una amiga una anécdota de su hija María que tenía fuertes depresiones:

«María se pasaba días y días tirada en el suelo sin que hubiera forma de hacer que se levantara. Por más que me acercaba con el máximo cariño, un día tras otro, con unas y otras palabras, proponiéndole cosas y más cosas, no conseguía nunca despertar el más mínimo interés o motivación por su parte y seguía entregada a su total pasividad. Sorprendentemente, un día, en un momento de mejoría, fue la propia María la que me dio la receta para sacarla de esa situación cuando estaba abandonada en el suelo con su depresión. Esa receta decía:

'Mamá, me resulta muy pesado cada vez que me insistes en que me levante, pues nada hay que me motive y tus sugerencias o peticiones en nada me dan fuerza, sino que me frustran. Haces que me sienta tozuda y como si fuera mi libre voluntad la que decidiera caprichosamente no levantarme, cuando la realidad es que no tengo la mínima fuerza de voluntad ni razón o motivo por el que levantarme'.

Continuó María sugiriéndome que, en lo sucesivo, si quería conseguir algo me tumbara a su lado, estuviera un tiempo con ella y sin prisa, compartiendo el rato, sin más, estando juntas las dos, compenetradas. Y tras un rato, compartiendo la situación, con la conexión de la vivencia compartida y sin juicio alguno, desde esa perspectiva común de 'tumbadas en el suelo' y respetando su libertad de seguirme o no, María me sugería que yo le dijera algo como: 'María,

¿nos levantamos? Y seguro que así, las dos unidas compartiendo el corazón y la acción, conseguirás que me mueva'.

Y así empecé a hacerlo con éxito tras comprender la importancia del incondicional amor que se da cuando dos personas comparten una situación con el corazón abierto y sin juicio».

Pocas dudas tengo de que el amor, con uno u otro formato, es el mayor refuerzo para nuestra voluntad, solo en competencia con el miedo. Pero la calidad de una voluntad construida sobre el amor, la gratitud y el cariño, será sin duda mucho mejor garante de nuestra satisfacción y plenitud de vida.

MANTENERSE ATENTO EN LA SOCIEDAD DE LA DESATENCIÓN

Se habla en general muy poco de la atención, pero es esta el punto de partida que provoca nuestro desarrollo en una u otra dirección. Aprendemos poniendo atención en las cosas y especialmente en aquello que nos interesa. La atención en unos y otros aspectos forja, además en gran medida, nuestra forma de ser. Aquello a lo que prestamos atención desarrolla nuestras habilidades, competencias o sensibilidades en relación con ello. El que desde pequeño pone atención en las cosas del comer y de la cocina desarrollará su gusto y su tacto para el guiso, como el que presta atención a la música y se prodiga en su escucha se desarrollará más en el campo musical. Por el contrario, aquellas áreas de nuestro entorno o de nuestra vida a las que no les prestamos esa atención tienden a generar la atrofia de las capacidades y sensibilidades requeridas para su desarrollo.

La atención es el ejercicio de la facultad de prestar interés y absorber estímulos e información relacionados con el objeto de atención. El foco de nuestra atención se ve condicionado por una serie de mecanismos y programaciones neuronales por los cuales nuestro cerebro tiende a prestar atención a unos y otros focos en función de determinadas variables. Son muchos los mecanismos y criterios que guían nuestra atención y con seguridad están muy relacionados con nuestra supervivencia. Despierta nuestra atención lo novedoso, el movimiento, lo distinto, lo que contrasta, lo que se asocia a peligro y por supuesto aquello en lo que estamos particularmente interesados seguramente por estar relacionado con aquello que es nuestro talento y nuestro propósito de vida. En función de esas variables prestamos atención a unos u otros estímulos. Además de la atención preprogramada o automatizada como mecanismo relacionado directamente con nuestra supervivencia (como la atención ante un ruido o movimiento brusco), en el ámbito social y de la cultura puede decirse que prestamos atención a aquello que nos interesa a la vez que nos interesa, aquello a lo que de forma sostenida hemos venido prestándole atención.

Las personas embarazadas dicen que no hacen más que ver a otras embarazadas. Las que están interesadas en China empiezan a ver y oír conversaciones sobre China a todas horas. El que tiene interés y se enfoca en ver el lado bueno de las cosas tiende a descubrir muchas cosas buenas a su alrededor y el que se empeña en ver los lados más negativos se convierte irremediablemente en un «cenizo» rodeado de calamidades. La atención es por tanto conformadora de nuestra forma de ser y de nuestras áreas de interés en sentido amplio.

Vivimos en una sociedad con poca capacidad de fijar la atención o, mejor dicho, de dominar nuestra atención para dirigirla y mantenerla en aquello que de verdad decidimos de forma consciente y voluntaria. Cada vez más y más personas jóvenes son diagnosticadas del llamado déficit de atención. Hoy se llama trastorno, aunque quizás siempre existió pero nunca se diagnosticó (al menos popularmente) de esa forma. Pero más allá de ese diagnóstico, vivimos hoy en una permanente invasión de estímulos externos, fruto de la dinámica de nuestras vidas y de la interacción constante con fuentes múltiples de información. Ello hace muy difícil sostener la atención según nuestra voluntad consciente. Ser dueños de nuestra atención requiere un especial coraje, firmeza y entrenamiento para desechar los estímulos indeseados y sostenerla en aquello que es nuestra opción.

Hoy, sin embargo, desarrollamos de forma creciente la capacidad de cambiar rápidamente de foco de atención. Durante instantes y secuencialmente somos capaces de prestar atención a unas y otras cosas. Tan es así que parece que prestamos a la vez atención a varias cosas, cuando la realidad es que es una atención secuencial con gran velocidad en el cambio de foco. En nuestro contexto social, tan difícil para mantener la atención, se hace especialmente importante la atención selectiva como capacidad de seleccionar unas u otras áreas de interés o estímulos en función de nuestra conveniencia. Una conveniencia que puede estar relacionada con nuestra supervivencia o con nuestro desarrollo personal.

Si he traído aquí la atención como un factor importante de nuestro desarrollo y felicidad es de nuevo porque nuestra decisión y capacidad de sostener la atención sobre cosas que son de interés o nos convienen para nuestra feliz trayectoria vital contribuirán de forma muy relevante a forjarnos como personas, a desarrollarnos en una u otra dirección, y en definitiva a alcanzar los objetivos que nos propongamos.

En nuestra sociedad, unos de los grandes enemigos de una atención de calidad es el miedo a «perdernos algo» (*Fear of missing out*, «FOMO»). Parece que vivimos con una curiosidad enfermiza y nos dejamos llevar sin poder resistir ante la más pequeña distracción o curiosidad. Ante los muchos enemigos de la atención que tenemos, se hace crucial domesticar el músculo de esa atención para ser capaces de retenerla en aquello que hemos decidido que nos conviene para alcanzar nuestros objetivos vitales. Viviremos así una vida más «elegida por nosotros» en lugar de vivir movidos o influidos por la mirada de los demás, guiados por el miedo a quedar excluidos por no estar a la altura en el conocimiento o información sobre cuestiones o chascarrillos de actualidad en nuestro entorno. Perdamos por tanto el miedo a no estar enterados de todo y elijamos en qué queremos estar bien formados o informados. ¿Nos prestamos suficiente atención? ¿O quizá los múltiples estímulos externos secuestran nuestra atención olvidándonos muchas veces de «atendernos» a nosotros mismos?

El entrenamiento de nuestra atención contribuirá por tanto a alcanzar cualquier propósito en el largo plazo, empezando por el de cuidarnos y respetarnos a nosotros mismos. Y la atención, como prima hermana de la voluntad, nos ayudará a desarrollar y mejorar el ejercicio de esa voluntad, lo que significa mejorar nuestras capacidades de auto-gobierno, fijándonos y respetando prioridades y poniendo la atención a nuestro servicio, en lugar de estar nosotros al albur de sus caprichos y distracciones. Busquemos por ello en nosotros un piloto que sea lo más dueño posible de su atención para asegurarnos ser soberanos de nuestro destino y dedicar suficiente cuota de atención a respetarnos con nuestras prioridades y a cuidarnos a nosotros mismos.

SENSATEZ Y PRUDENCIA

Me cuesta diferenciar el significado de la sensatez del de la prudencia y por ello los equipararé en este apartado. Definir prudencia o sensatez en este contexto es sin duda un atrevimiento, pero lo haré sin pretensión de que la palabra tenga académicamente una misma y única acepción.

Al hablar de sensatez me refiero a esa capacidad de valorar conjuntamente las repercusiones de mis actos en el presente y las posibles consecuencias futuras. Las presentes son más sencillas y aprehensibles pues se dan aquí y ahora, o enseguida. Digamos que exigen menos reflexión y menos cábalas. Pero las futuras están sujetas a mucha especulación sobre el comportamiento de las causas y efectos de esos actos nuestros entremezclados con el azar del destino, que siempre es impredecible.

A pesar de la impredecibilidad, no cabe duda de que hay conductas temerarias para el futuro. Son decisiones tomadas dejándose llevar por el deseo, la pasión o por una ambición desmedida que no valora los riesgos de hacer determinadas apuestas. Basta con ver quien no pone freno a hacer el amor sin ninguna precaución o quien secuestrado por su ambición e irracional deseo de evitar perder dinero en un casino apuesta cada vez más para recuperarse. La insensatez se asocia a una cierta pérdida de facultades de evaluación de los riesgos. Es una pérdida consecuencia de la pasión, el deseo, la pereza, la ambición etc. Pues no es insensato quien realiza una peligrosa escalada de una montaña siendo conocedor de los riesgos pero debidamente preparado y como parte de la llamada vital, vocación o sentido. Tampoco es insensato el misionero que se engancha en una misión de alta peligrosidad a sabiendas de ello.

La sensatez debe empapar tanto la decisión como la corrección o reorientación de la decisión a medida que ese futuro impredecible se va haciendo presente. Por ello la sensatez es una facultad o competencia de ejercicio continuado.

La insensatez es fácilmente apreciable por terceros observadores pero difícil de observarse por quien es víctima de ella. Quien estima que, desde su posición y circunstancias, no hay otra mejor decisión o forma de actuación. Ello puede derivarse de una falta congénita o estructural de capacidad analítica para la proyección de las consecuencias de los actos, pero también coyunturalmente de una emocionalidad en forma de preocupación, ansiedad o miedo, que secuestra el buen y completo funcionamiento de nuestras capacidades racionales, como expuse al explicar el llamado secuestro amigdalino en el apartado dedicado a las emociones y los sentimientos. Por supuesto, en ocasiones proviene de una pereza para arrancar nuestra máquina de pensar, analizar y reflexionar, o de la incapacidad de enfrentarse a un conflicto y sus consecuencias.

Es la sensatez la que nos lleva con su práctica al ejercicio de la virtud de la prudencia. Por ello, quien quiera sea que mande en nosotros y nos gobierne deberá ser capaz de practicar la sensatez protegiéndonos de decisiones (o dejación en la toma de decisiones) insensatas y haciéndonos prudentes.

CAPITULO 6. EL CUARTO Y EL QUINTO CEREBRO: CRECIMIENTO Y SABIDURÍA

La filosofía de un siglo es el sentido común del siguiente.
CARL GUSTAV JUNG

SABER VIVIR

Llegando ya al final del libro y especialmente en este apartado sobre quién debe mandar dentro de nosotros, tengo que confesar que sigo lleno de incertidumbres.

Hemos visto en la primera parte de este libro como nuestros comportamientos están guiados por una serie de «mandatos» imperativos derivados de nuestro instinto de supervivencia, entendido en sentido amplio. En ejecución de esos mandatos operan con mayor o menor protagonismo y liderazgo nuestras emociones, sentimientos y la razón. Todos ellos son mecanismos internos situados en distintos centros interrelacionados entre sí. Unas veces es la cabeza racional la que adopta e impone sus frías decisiones. En otras ocasiones es nuestra visceralidad la que se impone y en otras nuestros sentimientos son los que finalmente prevalecen. Pero en general será siempre una combinación de unos y otros en una infinita variedad de proporciones, en función de nuestra personalidad, historia y circunstancias. Por ello decimos a menudo que cada persona es un mundo, lo que hace difícil formular recomendaciones concretas que sirvan por igual a todos. No todos sentimos y padecemos de la misma forma, y por ello no en todos funcionan adecuadamente las mismas recetas.

Ante ello este libro ha querido poner algo de luz para permitir a cada uno que se entienda mejor. Tengo la firme creencia de que quien se conoce y tiene acceso a más información sobre su propio funcionamiento estará en mejor posición. Y quizá cuando todos estemos bien avanzados con un alto nivel de auto-conocimiento y crecimiento personal podamos descubrir y admitir que todos compartimos una búsqueda común de felicidad. Y en ese camino y tras la satisfacción de nuestras necesidades biológicas, trabajamos, consciente o inconscientemente, en una doble dirección: conseguir liberarnos de nuestros miedos, y encontrar y vivir en el territorio del amor, donde practicamos el querer y ser queridos.

Y así, en el camino debemos cuidar los tres ámbitos analizados del querer, el saber y el poder. De ello saldrá nuestra motivación, el criterio y una guía o estrategia para nuestra vida que esté verdaderamente acoplada a lo que somos y a como somos. Gestionando bien esos tres ámbitos con una visión integrada e interrelacionada conseguiremos una vida más plena, fruto de la coherencia y el equilibrio entre los tres ámbitos. Seremos quienes somos y caminaremos armónicamente por la vida hacia «nuestro sitio».

Y desde esa perspectiva, y con el riesgo de ser tachado de pretencioso, me atrevo a enunciar algunos consejos genérico-universales aptos para cualquier persona en la gestión del camino de su vida:

1. Conócete a ti mismo todo lo que puedas. Conocerte te ayudará a gestionarte. Aprenderás lo que te provoca felicidad o satisfacción duradera. Podrás identificar y elegir con mayor criterio tus preferencias y optimizar tu capacidad de auto-gestionarte. Escucha tu interior y no te niegues a ti mismo. Identifica tus creencias, tus temores más escondidos y también aquello que te produ-

ce verdadero sentido. Solo cuando hayas conectado con tu interior y te hayas escuchado y comprendido podrás integrar higiénicamente las emociones en tu propia mirada y aplicar tu razón a tu propia gestión. Hablamos de un consejo que trabaja en el ámbito del saber y conocer.

2. Lucha por encontrar tu hueco en el mundo, encuentra y respeta todo lo que puedas tu vocación, buscándola si está oculta hasta que se manifieste. Todos tenemos algún don o «razón de ser en el mundo» que nos llena cuando lo ponemos en práctica. Hablamos de esas actividades o contribuciones al mundo por las que no necesitamos ser pagados, pues su práctica es una gran recompensa. Decimos que se trata de actividades o cosas por las que incluso pagaríamos por hacerlas en lugar de cobrar, que nos hacen fluir y «esforzarnos sin sensación de esfuerzo». Es un trabajo que se sitúa en el ámbito del querer por su potencial fuertemente motivador.

3. No permitas quedar secuestrado por ninguna parte de ti mismo. Podrás tener momentos malos, enganches sentimentales o emocionales, o momentos de esos en los que nos empecinemos tozudamente en tener razón. Pero debemos siempre tratar de tomar buena perspectiva de las cosas para que nuestras decisiones y comportamientos no queden secuestrados por nuestra emoción o por nuestros sentimientos, como tampoco depender única y fríamente de nuestra cabeza o racionalidad despegada de nuestra condición de seres vivos de experiencias, sufrimientos y gozos. Que ninguna de ellas se imponga indebidamente a las demás y que nuestras acciones sean guiadas predominantemente por el resultado de integrar de la forma más adecuada para cada uno la razón, la emoción y el sentimiento, o lo que es lo mismo, la ca-

beza, las tripas y el corazón. Una vez que conocemos y decidimos lo que queremos y sabemos cómo debemos hacerlo, este consejo se refiere a la capacidad real de hacerlo o ejecutarlo, lo que lo sitúa en el ámbito del poder.

4. Controla tu nivel de necesidades, pues en la medida en que las tengas satisfechas se incrementarán tus posibilidades de acción conforme a lo que te va, a tus principios, a la forma en la que te sientas satisfecho. La amenaza de perder lo que hemos convertido en necesario para nosotros, ya sea material o una necesidad psicológica, nos empuja o nos hace más dispuestos a hacer cosas que no deberíamos hacer por no estar alineadas con nuestros principios u opciones serenamente adoptadas para la vida. Progresar en este consejo exige entrenar y afinar los músculos de los ámbitos del saber, poder y querer.

5. Elige vivir en paz con tus creencias y preferencias, y trabaja o profundiza donde encuentres que friccionan con tus valores. Conseguir coherencia entre lo que piensas y crees y lo que haces te procurará felicidad y estabilidad. Pero para conseguirlo es de verdad necesario querer encontrar y respetar esa coherencia, lo que sitúa el consejo en el ámbito del querer.

6. Entrena tu músculo de la voluntad, pues solo así vivirás conforme a tu verdadera voluntad y esta será la que te gobierne. Fíjate y respeta tus prioridades en un mundo en el que tenemos tanta oferta y estímulos que se anteponen a lo que hemos elegido. Administra el trabajo y el descanso, el esfuerzo y la relajación. Nada es fácil, pero los esfuerzos adecuados y equilibrados procuran recompensas que merecen la pena. Cada uno tenemos nuestra ecuación para la relación entre esfuerzos y recompensas,

entre las satisfacciones inmediatas y las aplazadas. Entrenar esa voluntad y crear hábitos nos facilitará nuestro camino para ser dueños de nosotros mismos de la forma que de verdad nos guste y encaje. Entrenar los músculos de la voluntad y de la atención amplia claramente nuestras capacidades o el ámbito de nuestro poder para hacer lo que previamente hemos decidido querer hacer.

7. Entrena también la predisposición a una actitud adecuada ante la vida. No hay una actitud perfecta para todos, pero cada uno tenemos nuestro cóctel óptimo de actitudes. Las actitudes amorosas, de gratitud, optimistas y positivas tenderán a procurarnos mayor satisfacción y a conseguir entornos que replican esas mismas actitudes. Quiérelas y búscalas para conseguirlas si espontáneamente no las tienes, y evita que el orgullo, la auto-compasión o el victimismo te impidan alcanzarlas. Ello exige trabajar en nuestro ámbito del querer, para decidir y comprometernos con las actitudes deseables, y en el del poder, para posibilitar y hacer real la asunción e integración de la actitud con la práctica como si de un hábito se tratara.

8. Disfruta de la vida todo lo que seas capaz y date también el gusto de hacer cosas mundanas o guiadas por tus apetitos, aunque de forma moderada para no entrar en complicaciones. No renuncies a ser sensible y querer a las personas por miedo al desengaño o la frustración. No reprimas siempre todos los deseos y tentaciones para poder alargar o mejorar la vida. Pues todo ello te puede llevar a vivir «una vida no vivida» como un ser inerte de larga vida o como sería la vida de un robot «bien mantenido» al que nunca hay que llevar al taller ni da problemas pero que ni siente ni padece. Administra tus

prácticas para darte caprichos sin convertir todas las cosas buenas en rutinas de las que dejes de disfrutar de forma especial. Y todo esto exige profundizar en nuestro ámbito del conocer, para tener criterio, y en del querer, para determinar y sostener nuestra opción.

9. Sé consciente de que la vida es una trayectoria y trata de encajarte en ella de forma que puedas avanzar, retroceder o detenerte de modo natural administrando los retos y las ambiciones de forma motivadora, discurriendo lo más posible por un camino de progresión e ilusión. Aprovecha tu trayectoria de conquista sin quemar demasiado rápido la ilusión de conseguir o conquistar nuevas metas. Cuida de no subirte, sin ser consciente, a estatus, necesidades o niveles de los que luego puedes caer bruscamente, pues recuerda que ascender es agradable, pero caer es muy duro. El desarrollo de nuestro ámbito del conocer mejorará nuestra conciencia y la capacidad para diseñar y discurrir por esos buenos caminos.

10. No te castigues con tus errores. Ante ellos, quiérete y perdónate. Responsabilízate de ellos, pero aprende y crece. Disfruta de eso que has aprendido con cada tropiezo e incorpóralo a tu bagaje para no reiterar el error. Como en el caso de las actitudes, conseguiremos avanzar en este sentido trabajando en el ámbito del querer y del poder.

11. Trabaja las virtudes como la prudencia, la justicia, la templanza, la fortaleza, el equilibrio, y por supuesto la humildad, como puerta grande para tu propia libertad y para vivir respetándote sin caer en una vida condicionada por una falsa imagen de ti mismo. A pesar de llevar el mundo hablando de las virtudes miles de años, su valor

sigue estando plenamente vigente para nuestra plenitud interior, por más que la práctica de ellas en nuestro tiempo parezca estar en franca decadencia. Y por la propia naturaleza de cualquier virtud, su desarrollo exige avanzar en nuestros tres ámbitos del saber, el querer y el poder.

Por tanto, el que debe mandar dentro de ti no es nadie sino tú. Pero es un tú que preferiblemente debe ser gestionado en primera instancia por tu cuarto cerebro. Es el cerebro cuya función, y tras el desarrollo de nuestro cerebro racional, se corresponde con nuestra intra-inteligencia. Un cerebro que no tiene un lugar concreto de alojamiento, pues se expande para recoger y procesar estímulos e información por todos los confines de nuestro cuerpo. Es el cerebro más capaz y más eficaz para conseguir logros con mirada utilitarista e intelectual en cuanto a prestaciones de calidad de vida en sentido amplio, logros, maximización del placer y reducción del dolor, tanto físicos como emocionales. En paralelo, y mientras dejamos trabajar al cuarto cerebro y sin interferir en él, deberemos en última instancia obtener luz, guía e inspiración de nuestro cerebro espiritual.

EL CUARTO CEREBRO TE PONE A LOS MANDOS

Como si del director de una empresa se tratara, el director interior que nos gobierna debe siempre asegurarse de que la forma de conducirnos es adecuada para conseguir nuestro propósito. Y, consciente o inconscientemente, todos tenemos como propósito vivir evitando la muerte y hacerlo con el menor sufrimiento y la mayor felicidad. Como buen director necesitará ser competente en tres ámbitos, pues deberá:

- Conocer nuestro funcionamiento con nuestra situación de fortalezas, debilidades, preferencias, temores, oportunidades, riesgos…: saber.
- Decidir sobre esa base hacia dónde tenemos que ir: querer.
- Y asegurarse de contar con los recursos y capacidades adecuadas para hacer el viaje: poder.

O, lo que es lo mismo, y siguiendo con el lenguaje empresarial, deberá asegurarse de que conoce a su equipo y con ese conocimiento lo dirigirá hacia el destino adecuado, velando por una adecuada motivación y por el entrenamiento y desarrollo de las capacidades necesarias para recorrer con éxito el camino.

Con una perspectiva utilitarista o de eficacia, el sentido común es el mejor administrador de nuestras decisiones y de la valoración de lo que nos conviene. En ocasiones el sentido común está oculto y dormido sin hacer acto de presencia en nuestras vidas. Pero cuando toma los mandos de nuestra gestión, nos permite discurrir por caminos acertados y nos ayuda a llegar a una vida satisfactoria de acuerdo con nuestras posibilidades, y en última instancia nos acerca a la plenitud. Es el sentido común antropológico que se construye sobre el conocimiento de las reglas y patrones que gobiernan a todos los seres humanos, y de manera especial a nosotros mismos.

Por ello, el sentido común, para su funcionamiento, necesita conocer de verdad lo que nos gusta, lo que queremos y con que contamos para llegar a nuestro destino. Y, siguiendo con el símil, como quien administra una empresa, podrá ir gestionando sus recursos al servicio de la estrategia de nuestra vida con unos objetivos y una misión que cumplir. Unos querrán alcanzar una cosa y otros otra. Unos querrán ser los primeros y otros estarán mejor siendo del montón. Unos tendrán unas prioridades y otros otras. Unos cargarán sus pilas de una forma y otros de otra. Y como buen administrador, el sentido común deberá ir adaptándose a las circunstancias de su entorno, de su edad, de sus avatares, de forma que consiga afinar en cada momento su rumbo y su velocidad para navegar armónicamente y sin brusquedades dolorosas hacia su destino, como lo hace un velero cuando sabe a dónde va y tiene orientadas sus velas adecuadamente.

Se dice que el sentido común es el menos común de los sentidos. Y es verdad que cada uno ve, juzga y valora las cosas a su manera y con distinto orden de prioridades o jerarquía de valores. Pero el sentido común siempre es un proceso que debe escuchar las emociones y sentimientos propios para incorporarlos como factores a considerar en nuestras reflexiones y en el proceso de adopción de nuestras decisiones. Nuestro sentido común deberá sentir y respetar nuestras preferencias sentimentales y emocionales, y tomarlas en consideración (aunque sin verse secuestrado por ellas) en la ecuación o algoritmo del que resultarán nuestras decisiones más relevantes. Por ello, en lo que se refiere a su forma de funcionar, el sentido común antropológico comparte unos principios de funcionamiento en todos los humanos aun cuando las variables de cada uno y el peso de estas para las decisiones sean siempre distintos y personalísimos.

No debería haber duda de que el sentido común, en sentido amplio, con sus claves y competencias «administradoras», debería estar al servicio de la vida, o mejor dicho, de nuestra vida plena o «buena vida», como quiera que ello sea para cada uno. Todos nacemos con esta facultad del sentido común, al menos en potencia, y tras el nacimiento unos la desarrollan y entrenan más que otros.

El sentido común no tiene una localización concreta, pero lo considero el cuarto cerebro de nuestra evolución tras los tres cerebros tradicionales (emocional, límbico y racional). Precisamente su función consiste en la coordinación inteligente de nuestros otros cerebros. Y siempre guiado por el *software* de nuestros instintos, que ya no solo busca nuestra supervivencia, sino también una vida en plenitud y protegida de nuestros auto-destructivos miedos y desasosiegos.

El sentido común debe por tanto ser un gran escuchador de nuestras emociones, nuestros sentimientos, nuestras preocupaciones latentes, nuestras fortalezas y ámbitos de seguridad, los principios y valores que son importantes para nosotros y muchas cosas más sobre nuestra personalidad, carácter y temperamento. Es decir, escuchar e integrar toda la información posible sobre quiénes y cómo somos. Y tras ese conocimiento podrá el sentido común de forma lógica y racional procesar toda esa información de carácter concreta o abstracta, medible o cualitativa. El ejercicio del sentido común es un proceso de pensamiento lógico y racional pero que incorpora toda la información no racional de nuestro ser y de su funcionamiento, como variables de cada ecuación a resolver, de cada decisión a adoptar.

Ante la importancia que el sentido común tiene para mí, en el libro *Rousseau no usa bitcoins* me permití definirlo como «*la competencia para gobernar de forma espontánea nuestras propias facultades, capacidades, creencias, conocimientos, sentimientos y emociones, administrando la intensidad y dirección de nuestras distintas funciones racionales y emocionales de forma integrada y armónica con el mejor criterio para la consecución del mayor acierto en la adopción de decisiones o valoraciones encaminadas a objetivos conscientemente perseguidos y dentro de un contexto y un marco de valores jerarquizados y ponderados*». Es una definición larga y compleja que no he sabido simplificar sin sacrificar ningún componente importante de la misma. Se trata sin duda de una ecuación o algoritmo de múltiples variables. En definitiva, es una facultad que bien ejercida nos lleva a actuar con acierto de forma que se respete aquello que en última instancia justifica o debiera justificar el que hagamos las cosas. Y ello no es sino respetar ese mandato último de nuestros instintos de vivir (me atrevo a decir vivir bien) y garantizar la supervivencia de nuestra especie.

El sentido común es una facultad que se ejerce principalmente de forma intuitiva y con procesos inconscientes. Pero a su vez debe incluir de cuando en cuando procesos que requieren mayor consciencia para revisar que nuestro actuar espontáneo está alineado o contribuye a alcanzar lo que verdaderamente perseguimos, y que lo hace con respeto a aquellos valores con los que deseamos convivir. Pues para que el camino en esta vida sea feliz y tenga coherencia, deberemos asegurarnos de que lo hacemos respetando los valores que nos importan, pues de no ser así conseguiremos logros concretos y objetivos pero de forma insatisfactoria, sufriendo las fricciones internas propias de nuestra incoherencia.

El ejercicio del sentido común exige mirar nuestra vida y circunstancias desde una cierta altura o perspectiva para liberarnos de distorsiones o prejuicios negativos y reforzar nuestra reflexión, tanto individual como socialmente. Exige igualmente reducir la superficialidad para contestarnos al por qué y para qué de lo que hacemos. Y las respuestas a ese por qué y para qué, que a menudo se encuentran ocultas en nuestro inconsciente, seguro que nos darán mucha luz para guiar nuestro actuar.

Soy consciente de la dificultad de vivir incrementando la presencia del sentido común en nuestras vidas. Pero no por su dificultad debemos renunciar a trabajar en ello. Pues alcanzados en la sociedad unos niveles altísimos en cuestiones más relacionadas con el bienestar material, físico y operativo, resulta fundamental integrar nuestra vivencia, nuestra emocionalidad y el juego de nuestros valores en la ecuación de nuestro juicio de lo que es bueno y adecuado para nosotros y para nuestra sociedad. Y de esa integración deberá salir la concreción del concepto de nuestro personal bienestar y el acoplamiento de nuestros comportamientos para alcanzarlo.

El sentido común debe permitirnos dar coherencia a nuestras reflexiones y filtrar los condicionamientos y sesgos propios y sociales a la hora de mirar e interpretar las cosas. Debe también permitirnos tener en nuestros verdaderos valores y creencias una guía para determinar el criterio adecuado de nuestras actuaciones. Debe permitirnos establecer criterios para priorizar en el respeto de nuestros valores en el caso de conflicto entre varios de ellos. Y debe darnos pautas, con todo ello, para caminar dando un paso u otro, siempre en dirección hacia nuestro propósito individual y social.

Por ello el sentido común, como cuarto cerebro del que disponemos, es la herramienta más avanzada desde el punto de vista de la eficacia y del buen criterio para fijar los fines que hemos elegido. De esa función de nuestro cuarto cerebro podremos obtener las siguientes utilidades:

- Una herramienta de aprendizaje para comprendernos y comprender el mundo.
- Una guía para nuestros comportamientos y para adoptar decisiones de hacer y no hacer.
- Criterio para influir en ese mundo o en nuestro entorno y moldearlo.
- Orientación para la búsqueda interior de actitudes alineadas con nuestro sentido.
- El desarrollo y el mantenimiento de las distintas facultades y capacidades internas que precisemos para nuestro feliz viaje por la vida.

- Y, en sentido amplio, una ayuda para conseguir nuestro propio equilibrio personal y la felicidad, acercándonos a las puertas del quinto cerebro con el que podremos descubrir la plenitud y la sabiduría.

Al igual que lo dicho en relación con la voluntad, el sentido común es un «cerebro muscular» que debe ser entrenado para su buen funcionamiento. Algunos parece que tienen el músculo atrofiado y otros en cambio lo tienen en plena forma y decimos de ellos que son sensatos. Personalmente me gusta más tener alrededor a personas sensatas y equilibradas que insensatas.

Para desarrollar y mantener en forma el músculo del sentido común es importante conocer cuáles son sus principales aliados:

- El conocimiento propio, o auto-conocimiento, y la identificación de nuestras creencias, valores, fijaciones, inclinaciones, fortaleza, debilidades…
- El conocimiento del entorno.
- Una conciencia permanente de lo que verdaderamente y en última instancia nos mueve.
- La permanente presencia de un por qué y un para qué en nuestras actuaciones trascendentes y el alineamiento de ello con nuestro sentido y propósito vitales.
- La comprensión de las demás personas, también dotadas de sus propias facultades, emociones, sentimientos etc.
- Una conciencia permanente de la importancia de la emoción y los sentimientos propios y ajenos.
- La conciencia de que todo está condicionado por una perspectiva y la conciencia de cuál es la nuestra.

- La capacidad de observar fenómenos más allá de los meros hechos, y la detección de patrones, rasgos y cualidades comunes en el funcionamiento de las personas y las cosas.
- La estructuración intelectual de categorías de conceptos para el mejor ejercicio de nuestra capacidad de reflexión y racionalidad.

Y ¿cuáles son los enemigos del sentido común?

- La paralización y el secuestro que provoca el miedo en sentido amplio, y en general las distorsiones emocionales.
- La «racionalitis» o imposición de lo racional como mirada predominante y casi única para la comprensión propia y del mundo menospreciando la relevancia de lo emocional y del universo del inconsciente.
- La anulación destructiva de nuestras facultades consecuencia de un exceso de sentimentalismo.
- La falta de identidad personal.
- Las creencias propias no conscientes.
- Los sesgos en la racionalidad (mencionados en el apartado «Somos *feelthinkers*»), y sobre todo la negación de los mismos.
- La falta de escucha y de diálogo interno armónico entre nuestros distintos centros, cabeza, tripas y corazón.

Gestionar nuestra vida exige ese trabajo de integración de la razón, la emoción y los sentimientos. Y, para ello, el sentido común de nuestro cuarto cerebro parece nuestro mejor piloto. Pero ese piloto tiene la gran dificultad de decidir su destino. Y para ello un buen piloto siempre busca la mejor orientación para alcanzar su destino. Un destino que con el paso del tiempo evoluciona exigiendo reacoplar nuestros propios mandos e instrumentos de vuelo.

Es un destino con un «por qué» y un «para qué» que ya no podemos averiguar con nuestro pensamiento, ni con el sentido común, y ni siquiera con la ciencia. Es el destino propio de la búsqueda de sentido, del crecimiento personal y de la sabiduría en un interminable camino en el que solo encontraremos luz a través de la espiritualidad y de adentrarnos en el mundo de nuestra trascendencia.

Tras conseguir esa eficacia del sentido común en nuestra auto-gestión, solo nos quedará poner nuestro destino al servicio de nuestro quinto cerebro, el cerebro espiritual, que constituye la mayor fuente de luz y sabiduría de la que disponemos y que se aloja más allá incluso del alma.

CRECIMIENTO Y SABIDURÍA, EL CEREBRO ESPIRITUAL

Saber vivir no es fácil. Nuestras circunstancias a veces nos lo hacen especialmente difícil. Otras veces somos nosotros mismos los que nos hacemos la vida más difícil con nuestras complejidades. Nos hacemos muchas preguntas sin respuesta, nos comparamos con los demás, nos exigimos más de lo razonable o, por el contrario, ante una vida fácil nos mimamos más de la cuenta sin darnos cuenta de que una vida sin esfuerzo y dificultades que resolver es una vida mucho más difícil de vivir. Inevitablemente estamos programados para tener problemas y dificultades y el que no los tiene se los ha de crear, siendo muchas veces los problemas creados de mayor complejidad que los reales. Una vida fácil, sin sabiduría para vivirla, nos acercará posiblemente a alguna de las enfermedades relacionadas con la falta de sentido.

Todos tenemos que buscar nuestro propio camino sin que haya dos que funcionen idénticamente para distintas personas. Todos somos distintos y únicos. Por eso no hay recetas mágicas para la felicidad. Pero sí hay pautas que podemos tener presentes para que nuestro transcurrir por la vida sea más feliz, pleno y satisfactorio. Y, como ya he reiterado, si nos conocemos bien, en lo consciente y lo inconsciente, entenderemos nuestro funcionamiento y podremos poner en práctica todo lo que ya hemos visto, poniendo a los mandos a nuestro maravilloso director del sentido común o cuarto cerebro como piloto de nuestra vida. Podremos hacer que nuestro inconsciente se convierta en nuestro propio aliado y con ello conseguir tener una vida equilibrada, feliz y entretenida, gestionando bien nuestros problemas y nuestras alegrías, adoptando las decisiones que verdaderamente se amolden mejor a nosotros, trabajando en un propósito vital que nos guíe y en definitiva con un sobresaliente de nota en los ámbitos del querer, saber y poder que hemos analizado para gestionarnos adecuadamente.

¿Pero es eso suficiente? ¿Aquietaremos suficientemente nuestras agitaciones internas llevando una exitosa gestión de nuestra vida? A menudo, incluso cuando parece que hemos conseguido todo y tenemos una vida equilibrada y armónica, sentimos un vacío y nos preguntamos reiteradamente por el sentido de nuestra vida. Nos cuesta admitir el aburrimiento vital e integrar el sufrimiento y el dolor que nos rodea... Unos más y otros menos, pero todos nos hacemos esas preguntas en busca de explicaciones de por qué y para qué estamos aquí, por qué «me ha tocado a mí esto», qué pasará después de la muerte, hacia dónde va este loco mundo, qué vamos a dejar a nuestros hijos, y en definitiva qué deberíamos hacer para vivir felices, en plena paz y sin temores. El sentido común o cuarto cerebro no tiene respuestas para estas preguntas pues los cuatro primeros cerebros manejan solamente las dimensiones de lo humano y están llenas de limitaciones en el campo existencial.

¿«Quién» puede entonces dentro de nosotros guiarnos para asegurar nuestros niveles más altos de plenitud y acercarnos a una quietud interior iluminada y llena de gozo? ¿Sabemos contestarnos a estas preguntas? ¿Dónde debemos buscar las respuestas? ¿Están esas respuestas dentro de nosotros? ¿O, por el contrario, necesitamos recibir iluminación y criterio de fuentes exteriores a nosotros mismos?

Para reflexionar sobre ello me gustaría compartir algunos experimentos del prestigioso experto en economía conductual Dan Ariely. Son experimentos relacionados con nuestra ignorancia o incapacidad para elegir lo que más nos conviene o, lo que es lo mismo, aquello que nos produce verdadera satisfacción. Plantea Ariely un experimento en el que pregunta a las personas si les haría más felices comprar algo para sí mismas o, como alternativa, comprar algo para otras personas. La gran mayoría prefirieron como respuesta la de comprarse algo para ellas mismas. Sin embargo, los estudios demuestran que cuando compramos algo para nosotros somos felices unos minutos o unas horas. Pero si compramos algo para otro, aunque sea un pequeño regalo, nuestra felicidad dura como mínimo todo el día y muchas veces días y aún semanas. Se produce una satisfacción duradera. Parece que las decisiones de nuestro «cerebro mundano» no saben elegir lo que más satisfacción profunda nos produce.

El mismo autor presenta un experimento realizado con empleados de empresa a los que se les daba un bonus o remuneración extraordinaria de 3000$. A un tercio de ellos se les dijo que podrían disponer libremente de su bonus para lo que quisieran. A otro tercio que podrían gastarlo como quisieran pero necesariamente para un fin social que beneficiara a terceros. Y a los del último tercio se les ponía como condición que dispusieran del importe del bonus solo para un fin social con beneficio para terceros y con involucración personal o participación suya en la actividad en la que se materializara el gasto. Seis meses después de recibir el bonus, los que habían gastado con involucración personal en un fin social a favor de terceros se declaraban más felices que los demás, seguidos de los que lo gastaron en favor de terceros pero sin involucración personal. En último lugar figuraban los que se lo gastaron libremente con decisiones en beneficio propio. De nuevo nuestros cerebros «mundanos» no parecen saber elegir lo mejor para nosotros.

Ante esta falta de consistencia entre lo que preferimos y lo que nos produce mayor satisfacción, me pregunto quién puede ayudarnos a identificar y decidir aquello que más satisfactorio resultará para procurarnos una vida plena. ¿Quién en nuestro interior nos puede susurrar que escojamos el bonus en el que se nos exige gastarlo en favor de terceros con involucración personal?

Es nuestro cerebro espiritual el que nos puede abrir una puerta al crecimiento en otra dimensión. Una dimensión en la que el lenguaje lógico racional no es suficiente para siquiera concebir nuestra realidad o dimensión trascendental. El cerebro espiritual nos abre una puerta llena de luz a un universo en el que, sin desaparecer la lógica de la razón pura, esta se pliega a ser simple vía de integración de dimensiones corporales, mentales y de nuestra alma. En él la razón se funde con nuestros sentidos y accede a una visión muy clarificadora de lo que somos y representamos en el mundo. Encontramos así un cauce para acceder a nuestra verdadera sabiduría interior que nos acerca, en momentos cumbre, a apreciar el sentido de la eternidad.

Todos tenemos esa sabiduría interior, aunque a menudo la mantenemos encerrada y encapsulada. Los temores y la gestión de necesidades de todo tipo nos atenazan impidiéndonos acceder a ese océano de sabiduría del que todos podemos llegar a disponer a lo largo de un largo viaje de crecimiento. Es un viaje largo e interminable en el que cada escalón de crecimiento en un verdadero abrazo a nuestra libertad, a la libertad de ser quienes somos y como esencialmente somos. Nunca llegaremos a alcanzar una meta de sabiduría plena, pero el simple discurrir con compromiso por el camino del crecimiento nos coloca en una senda de satisfacción, paz y esperanza. En palabras de Santa Catalina de Siena *«todo el camino al cielo es el cielo»*.

Crecemos a través de experimentar e interiorizar experiencias. Unas veces experiencias propias y otras experiencias de otros. Y son nuestras propias vivencias junto con los relatos de unos y otros compartidos y escuchados a corazón abierto los que nos hacen capaces de acceder a espacios humano-espirituales desconocidos hasta entonces que nos amplían el mundo y nuestras posibilidades, que nos hacen crecer. Es en esos espacios donde uno siente la plena libertad por no desear lo que no puede tener, por acoger y aceptar su realidad sin cuestionarla llegando a la plena y pacífica comprensión de las cosas que nos afectan sin renegar de ellas. Es la asunción de lo nuestro y de nuestra condición desde una mirada grande y comprensiva que no juzga sino que observa la realidad desde un pleno acoplamiento a la misma.

Desde hace mucho tiempo busco incrementar mi consciencia para comprenderme mejor, comprender a los demás y comprender un poco más este complejo mundo. Intento tener respuesta a la pregunta de por qué y para qué estoy yo en él, aunque raramente obtengo ni vislumbro respuesta. Vivo con el sueño de acercarme a la verdad sabiendo que nunca llegaré a alcanzarla. Pero, aunque sé que nunca llegaré al final del sueño, es un sueño que siempre estoy haciendo realidad avanzando en mi gratificante búsqueda. Y así, a menudo en ese camino puedo yo mismo sentir que *«todo el camino al cielo es el cielo»*.

La búsqueda espiritual, el anhelo de vivir en compañía de ese espíritu superior que nos guía y nos empuja en la dificultad, es un camino de crecimiento que no me hace mejor que los demás pero me hace mejor de lo que sería yo mismo sin ese crecimiento. Y ser consciente de ello me procura una satisfacción profunda y duradera.

La búsqueda de un destino al que dirigirme acorde con mi sentido y mis valores y conforme a aquello que creo que son mis talentos naturales me ha hecho elegir mi autopista de la vida. Una autopista con rumbo claro y que me lleva poco a poco a la búsqueda de mi propia sabiduría, a mayor conocimiento y compromiso personal. Es la autopista por la que decido y me esfuerzo en ir. Pero, aunque es un esfuerzo grande, a la vez es un esfuerzo gozoso por la consciencia de que mis disciplinas y sacrificios son peldaños en mi escalada de crecimiento o acercamiento a la verdad. Una verdad que jamás podré alcanzar plena y permanentemente en esta vida con las limitaciones propias de mi condición humana. Pero es una verdad que se encuentra en ese quinto cerebro espiritual capaz de dialogar con la dimensión trascendental y sobrenatural de nuestra existencia. Un cerebro capaz de conversar con una vaporosa, abstracta e indescriptible divinidad de la que muchas veces obtenemos un torrente de luminosidad que nos ensancha, nos da presencia plena, nos alimenta el espíritu y nos hace seres no necesitados de nada más allá de esa divinidad que nos abraza. Esa búsqueda de luz y el vislumbrar sus destellos constituyen mi mejor combustible para caminar por una vida alegre y buscando dar y recibir amor. Y así, el camino se convierte en el destino de mi vida.

El camino de crecimiento espiritual nos da acceso a nuestra sabiduría interior, nos enseña a conocernos y nos permite avanzar con el entrenamiento y la guía de nuestros músculos de la voluntad, la tolerancia, la humildad, la serenidad, y de las virtudes en general. No solo redunda en beneficio «experimentado y gozado» de quien hace el camino, sino también en beneficio de los que le rodean. Las personas evolucionadas o crecidas en sabiduría tienden a mejorar su autenticidad y a ser más quienes verdaderamente son, reduciendo significativamente sus actitudes agresivas o defensivas. Su vida se hace mucho más amable para ellos mismos y para su entorno.

Caminar hacia nuestra sabiduría y hacia la iluminación del espíritu requiere liberarnos de las caretas que llevamos puestas sin tener conciencia de ellas y atrevernos a ser quienes de verdad somos. Exige dejar de vivir para tener la aprobación de los demás y empezar a respetarnos a nosotros mismos, sin que ello signifique alterar o separarnos de las pautas para una buena convivencia y el respeto de los demás. Todo lo contrario: cuanto más nos respetemos a nosotros mismos, más respetaremos a los demás.

Nada procura mayor felicidad y satisfacción a alguien que saber y sentir que está dedicado a aquello para lo que siente que está aquí en este mundo. Es la misión espiritual, que solo podemos conocer escuchando la voz de nuestro espíritu. Es la voz que nos descubre y nos coloca en nuestros dones y nos regala la seguridad y confianza que permite vivir siendo expresión de nuestros dones y virtudes. Nuestra conciencia de estar y vivir conforme a nuestra misión divina aquieta nuestras agitaciones existenciales protegiendo nuestra mente de los oscuros interrogantes propios de quien no se encuentra «en su sitio».

Creo que muchos tenemos o sentimos como misión en esta vida la búsqueda de un mundo mejor o de ayuda a los demás. Es un propósito que a mí me llena de combustible para seguir discurriendo por esa autopista que viaja hacia un lugar quizá inexistente e indescriptible con palabras humanas. Pero es un lugar o destino que siento, noto y aprecio que me da rumbo, me da un norte para mi vida, sin necesidad de ningún acto de fe. Es la luz y la experiencia de mi camino espiritual siempre con un destino difícil de concebir y describir con las limitaciones propias de la condición humana. Pues el camino espiritual nos expande y nos agranda colocando nuestra presencia plena mucho más allá de nuestro ser individual, situándonos en una dimensión de seres amorosos capaces de fundirnos unos y otros en el espíritu.

A muchos no les dirá nada lo de seguir un camino de crecimiento espiritual. Algunas personas no tienen interés en ello, no han escuchado nunca un susurro o interrogante de llamada. Posiblemente ellos no lo necesitan, o no sienten que lo necesitan, y están libres de inquietudes o ahogan estas por otras vías. Pero para quienes como yo estamos cargados de preguntas e inquietudes, solo la práctica de la espiritualidad y la búsqueda de una sabiduría interior conectada con nuestra dimensión trascendente es capaz de sacarnos de la sequedad y el desasosiego. Y es precisamente abrazado a la espiritualidad como busco una vida plena en el presente con los ojos y el corazón de quien vive implicado verdaderamente en la vida que vive.

El camino de la vida nunca se termina hasta la muerte y estará siempre lleno de interrogantes que no sabremos contestar. Y por más que busque respuestas, cada vez más disfruto aceptando y conviviendo amablemente con mi falta de comprensión de muchas cosas.

¿Por qué tengo que comprender todas las cosas? En los últimos tiempos me ha dado mucha paz aceptar y asimilar que hay muchas cosas que no comprendo y que jamás comprenderé. Ya no necesito comprender muchas cosas que me rodean. Es en ese espacio de la ignorancia o del misterio donde coloco todas mis dudas liberándome del desasosiego que podrían producirme. Es un «espacio de misterio» enorme y con capacidad infinita para acoger en él todas nuestras dudas y la falta de comprensión de las cosas.

Nuestras vidas están cargadas de dudas e ignorancia. Nos preguntamos lo que es justo o injusto, lo que está bien y lo que está mal, y el por qué y para qué de nuestra existencia, y las respuestas que obtenemos son la no respuesta. Personalmente ni tengo, ni pretendo ya, tener respuesta para esas cuestiones y admito con enorme paz mis limitaciones para ello. Las respuestas están en ese «espacio del misterio» y no hace falta comprenderlas.

Y ante tanta ignorancia lo único que con claridad pienso y siento es que la mejor forma de convivir con «la duda» es colocarla en ese espacio de la ignorancia y del misterio, o lo que es lo mismo, en el lugar donde están las razones sobrenaturales. Un espacio que debemos abrazar amablemente como parte de nuestra naturaleza y como fuente de paz, esperanza y aceptación. Tan es así que el camino hacia la sabiduría, aunque suene a paradoja, no es sino un camino hacia la toma de conciencia y la aceptación de nuestra infinita ignorancia y pequeñez en el universo, lo que nos lleva a su vez a una humildad libre de la arrogancia de quien cree que podrá un día dominar un mundo que jamás podremos dominar.

Me hago muchas preguntas sobre qué debo hacer en la vida y cómo debo hacerlo. Y me hago también muchas repreguntas sobre mis propias respuestas. Y los interrogantes no terminan nunca. Pero consigo dejar de hacerme preguntas y me aquieto cuando «la búsqueda de amor» es la respuesta. Es la única respuesta que no me exige más preguntas. Y es mi quinto cerebro espiritual el que me da la confianza para saber que esa es la única respuesta adecuada y la mejor fuente de criterio y luz para resolver mis dilemas ante la justicia y la bondad. Los lados imperfectos de nuestras actuaciones quedan atenuados cuando las mismas se hacen con una intención amorosa plenamente consciente. Por el contrario, las actuaciones guiadas por el miedo, aunque alineadas con un instinto de supervivencia plenamente animal, provocan la duda, la debilidad y a menudo el arrepentimiento. Nos alejan de la comunión con los demás y nos sitúan en un aislamiento egoísta, muy comprensible desde nuestra biología animal pero poco satisfactorio para nuestra trayectoria espiritual.

El miedo y el amor son las dos mayores fuerzas que mueven nuestras vidas. Y la vida espiritual es la gran aliada para luchar contra nuestros miedos, aunque nunca la victoria sobre ellos es plena y definitiva. Pero cuando tenemos superados nuestros miedos o colocados en el universo del espíritu, estamos en condiciones de vivir en la autenticidad que nos hace únicos, verdaderos y amorosos. La riqueza en la vida espiritual nos hace ser lo que somos y nos ayuda a encontrar nuestro sitio, nuestro porqué y para qué estamos en este mundo. Y, lo que es más importante, nos permitirá vivir en nuestra faceta más amorosa, pues en palabras del maestro espiritual indio Sri Nisargadatta *«El amor es lo que somos cuando no tenemos miedo».*

Mucha gente a mi alrededor comparte o quiere compartir esta autopista del amor. Cada vez encuentro más gente que no tiene miedo a reconocerse buscadora de amor. Superadas las necesidades biológicas nada hace más feliz al hombre que querer y ser querido.

Probablemente, en el contexto de nuestra sociedad esto es una cursilería. Pero es la cursilería en la que reconozco que me gusta vivir. Pues solo viviendo en ella me alejo de los desasosiegos y me acerco a ese maravilloso mundo de mi espiritualidad donde encuentro las respuestas en la no respuesta. Un universo espiritual donde no necesito nada porque lo tengo todo, y donde siento un enorme abrazo amoroso de quienes sentimos y compartimos el gran abrazo de Dios.

Me siento afortunado por encontrar en Dios un océano de amor que todos tenemos a nuestra disposición. Un océano con tanta agua que nunca se gastará por más que bebamos, pues el amor no se consume con su uso sino que se expande. No se divide, se multiplica.

Y es ese amor, a través de una actitud amorosa libre de distorsiones, nuestro más sabio piloto para gobernar y administrar nuestra vida, desde nuestra autenticidad, con nuestros valores, en el camino de nuestra vocación, escuchando tanto a nuestros sueños como a nuestros prudentes guardianes y protectores de nuestras necesidades. Y así, impregnados de amor y desterrando nuestros miedos, nos haremos acertados soberanos y pilotos de nosotros mismos, flotando y navegando por un infinito universo de paz y plenitud.

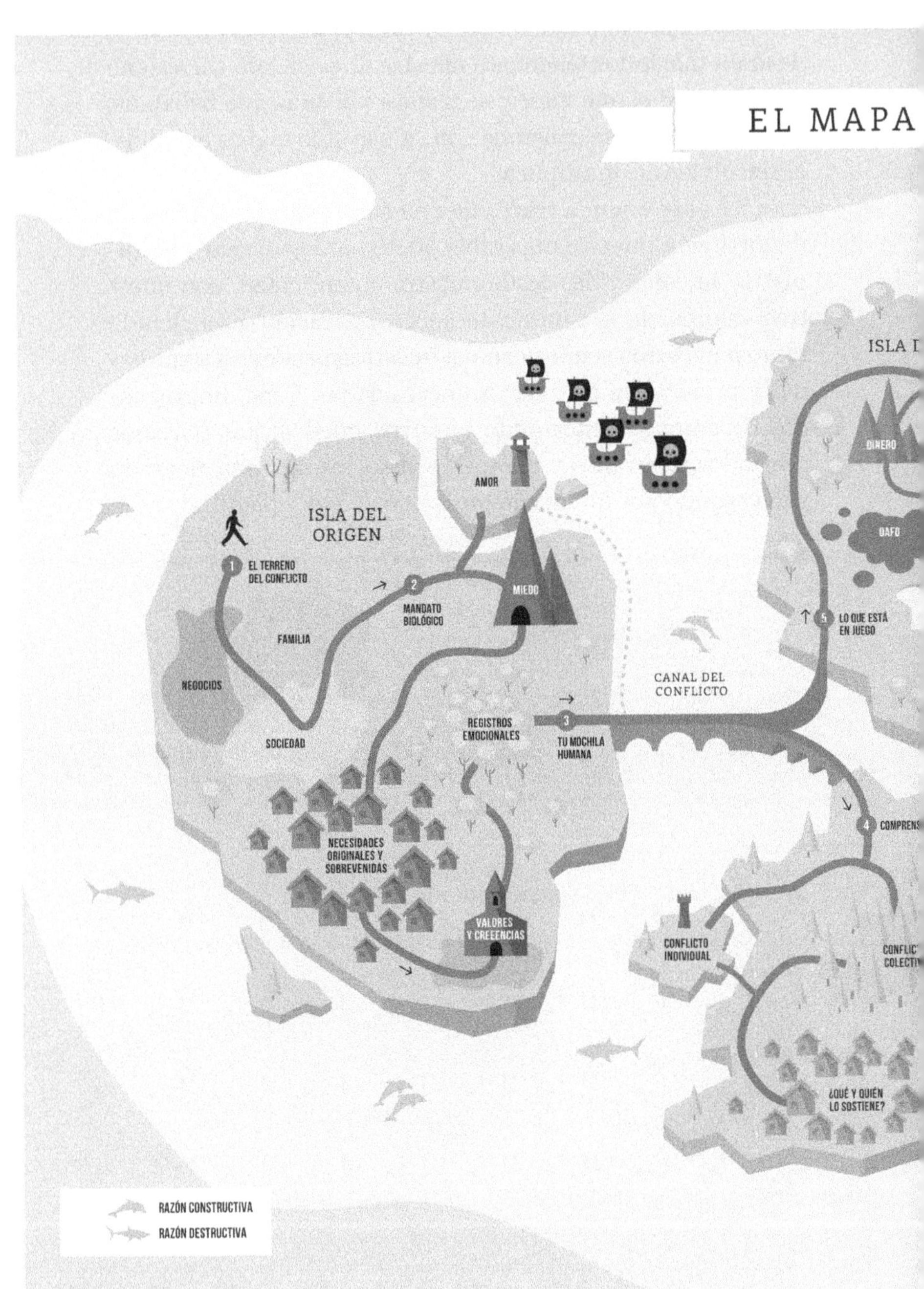
ISLA DEL ORIGEN
EL TERRENO DEL CONFLICTO
MANDATO BIOLÓGICO
FAMILIA
NEGOCIOS
SOCIEDAD
AMOR
MIEDO
REGISTROS EMOCIONALES
TU MOCHILA HUMANA
NECESIDADES ORIGINALES Y SOBREVENIDAS
VALORES Y CREEENCIAS
CANAL DEL CONFLICTO
ISLA D
DINERO
DAÑO
LO QUE ESTÁ EN JUEGO
COMPRENS
CONFLICTO INDIVIDUAL
CONFLICT COLECTI
¿QUÉ Y QUIÉN LO SOSTIENE?
RAZÓN CONSTRUCTIVA
RAZÓN DESTRUCTIVA

NFLICTO
MONTAÑA DEL GORILA
ISLA DEL BLOQUEO
PUENTE DEL PERDÓN
EVOLUCIÓN
ECHOS
YO, Y DECIDO CRECER
COMPROMISO PERSONAL
TERRITORIO DEL ACUERDO
ABANDONO CONSTRUCTIVO
RACIÓN ÓMICA OCIONAL
CONTINENTE DEL CRECIMIENTO
ACEPTACIÓN Y COMPRENSIÓN
PUERTA DE LA SOLUCIÓN
PASO DE LA TOMA DE CONSCIENCIA
TRABAJO DE CONSCIENCIA
¿QUIÉN MANDA AQUÍ?
CAMINO DEL CRECIMIENTO
ESCUELA DE COMUNICACIÓN
ESTRATEGIAS DE ACCIÓN Y RELACIÓN
MOTIVACIONES E INTERESES CONSCIENTES E INCONSCIENTES
LA FÁBRICA DE LEGITIMIDADES
NEURODESCOOIFICACIÓN
PATRONES E RESPUESTA
THE WISE COMPANY

El mapa del conflicto de TWC coloca la resolución final de los conflictos en el llamado «Continente del Crecimiento», donde las personas que los han gestionado con actitud y acciones adecuadas encuentran un inigualable espacio para su crecimiento y desarrollo personal.

Para entender nuestros conflictos debemos necesariamente partir de la «Isla del Origen» en la que, por ser propias de nuestra naturaleza humana, se encuentran las claves que los explican. Se trata de los instintos, emociones, sentimientos, creencias, motivaciones y fuerzas, no siempre conscientes, que determinan el comportamiento y las relaciones entre las personas y cuyo conocimiento resulta necesario para hacer un viaje seguro hacia ese «Continente del Crecimiento».

Producido un choque de intereses que origina un conflicto, en el camino hacia su solución deberemos hacer una parada en la «Isla de los Sentimientos» para profundizar y entender, en cada caso, cuáles son esas emociones, sentimientos o intereses menos visibles que explican las conductas, reacciones, pretensiones y actitudes de las personas implicadas y que muchas veces se encuentran alejadas de una aparente racionalidad. Es en esta isla donde podemos comprender tanto la perspectiva individual de las partes, como el impacto que generan los grupos o sistemas en la explicación y el desarrollo de los conflictos y su importancia para la búsqueda de soluciones.

Paralelamente es también necesario adentrarnos en la «Isla del Análisis» en la que deberemos preguntarnos lo que está en juego para las partes como consecuencia del conflicto. ¿Qué me estoy jugando? ¿Qué se juega la otra parte? Y también medir nuestras fuerzas y las contrarias. ¿Cuáles son las fortalezas y debilidades de unos y de otros en los distintos escenarios de evolución del conflicto? Las respuestas no surgen automáticamente ni con facilidad. Más bien al contrario debemos hacer un importante esfuerzo para que las distorsiones emocionales no nos lleven a dejar fuera de la lista aspectos de gran importancia para nosotros, que la falta de reflexión o nuestro orgullo nos impiden incluir. Me refiero a aspectos de gran valor como las relaciones personales, nuestro tiempo, el desgaste energético, la pérdida de oportunidades, la paz interior o el propio sueño y desde luego todos los aspectos económico-materiales que, de forma directa e indirecta, se encuentran en juego y que no siempre medimos con rigor.

Con estos deberes hechos podremos abordar nuestra navegación hacia el terreno de solución del conflicto y crecimiento, desplegando nuestras mayores habilidades y estrategias de actuación y relación con las otras partes del conflicto, para conseguir construir las mejores soluciones a la vista de las circunstancias que debemos mirar desde el realismo. Es en esa travesía, la de «El Paso de la Toma de Conciencia» donde muchas veces debemos enfrentarnos a nuestras verdades interiores, que explican muchas cosas de nuestros conflictos y que pueden suponer un campo de minas en el proceso de gestión de un conflicto.

Sin duda, nuestro mejor aliado en el camino será el compromiso con nosotros mismos para mantenernos, sin flaquear, en una actitud pragmática orientada a la consecución de nuestros objetivos, desactivando nuestro gorila interior que nos lleva, a menudo, a entrar en «La Isla del Bloqueo» con nuestros desahogos destructivos y muy contrarios a nuestros intereses. Una vez en ella solo una salida por «El Puente del Perdón» nos permitirá recuperar la senda constructiva.

Con el compromiso personal, el tacto en las relaciones y la decisión de dar prioridad a nuestros objetivos frente al «tener razón», podremos asegurar la solución de lo que es solucionable y el abandono pragmático de causas perdidas, garantizando en todo caso nuestra evolución y crecimiento personal.[2]

---

2   Texto extraído de la web de The Wise Company: *https://thewisecompany.es/mapa-del-conflicto/*

BIBLIOGRAFÍA

Siempre me resulta difícil identificar la bibliografía relacionada con los libros que escribo. En general son muy escasos los contenidos que provienen de una bibliografía identificable y cuando ello ocurre, así lo hago constar de forma expresa en el cuerpo del libro. Como en ella se especifica, esta obra contiene reflexiones y miradas muy personales que están vinculadas a doctrinas y opiniones concretas de autores, si bien en gran medida sus contenidos y la forma en que estos se expresan provienen de mi propio criterio forjado con la experiencia del transcurso de la vida. Indudablemente es cierto que la lectura es parte de mi discurrir por la vida y en ese transcurso algunos libros han contribuido de forma más marcada a mi forma de ser, sentir y pensar. A ellos me refiero en la lista que sigue, en la que he incluido aquellos que han contribuido a mi desarrollo personal, me han enriquecido significativamente y me han ayudado a comprender mejor el mundo en que vivimos. De forma genérica suponen con seguridad cierto apoyo a muchos de los contenidos que en este libro se vierten. De algunos de estos libros sería hoy incapaz de señalar contenidos concretos que me llamaran en su momento la atención, pero aun así sus títulos están grabados en mi memoria, aunque algunos fueron de lectura ya muy antigua. Y su simple mención me lleva a revivir el recuerdo de estar absorbido en su lectura creando nuevas conexiones en mi cerebro para abrir nuevas perspectivas y campos de conocimiento y comprensión de temas también relacionados con los contenidos de este libro. El orden es aleatorio.

- *Pensar rápido, pensar despacio*, DANIEL KAHNEMAN
- *Racionalmente irracionales*, DAN ARIELY
- *Mero cristianismo*, C.S. LEWIS
- *La idea de la justicia*, AMARTYA SEN
- *La sorprendente verdad sobre lo que nos motiva*, DANIEL H PINK
- *La tabla rasa*, STEVEN PINKER
- *Superficiales*, NICHOLAS G. CARR
- *La caja*, INSTITUTO ARBINGER
- *El sorprendente propósito de la rabia*, MARSHALL B ROSENBERG
- *Incognito*, DAVID EAGLEMAN
- *Subliminal*, LEONARD MLODINOV
- *El perdón*, FRANCESC TORRALBA
- *Inteligencia espiritual*, FRANCESC TORRALBA
- *Los siete hábitos de la gente altamente efectiva*, STEPHEN COVEY
- *El octavo habito*, STEPHEN COVEY
- *La vida secreta de la mente*, MARIANO SIGMAN
- *Sapiens*, YUVAL NOAH HARARI
- *Homo Deus*, YUVAL NOAH HARARI
- *21 lecciones para el siglo XXI*, YUVAL NOAH HARARI
- *Cómo llegar a ser adulto*, DAVID RICHO
- *Comunicación e integración personal*, MAITE MELENDO
- *Vivencias desde el eneagrama*, MAITE MELENDO
- *Fluir (Flow)*, MIHALY CSIKSZENTMIHALYI
- *Practicando el poder del ahora*, ECKHART TOLLE
- *El hombre en busca de sentido*, VIKTOR FRANKL

- *Factfulness, Diez razones por las que estamos equivocados sobre el mundo y por qué las cosas están mejor de lo que piensas*, HANS ROSLING, OLA ROSLING, RÖNN-LUND ROSLING, ANNA ROSLING

- *Sanar la civilización*, CLAUDIO NARANJO

- *Espíritu y sociedad*, ERICH FROMM

- *Tan distintos tan iguales*, ARACELI MENDIETA

- *Los órdenes de la ayuda*, BERT HELLINGER

- *Emociones políticas*, MARTHA C NUSSBAUM

- *12 reglas para vivir*, JORDAN PETERSON

- *Breve historia de todas las cosas*, KEN WILBER

- *Confesiones*, SAN AGUSTÍN

- *Lo que el dinero no puede comprar: Los límites morales del mercado*, MICHAEL J. SANDEL

- *La creación de hábitos*, CHARLES DUHIGGS

- *La utilidad de lo inútil*, NUCCIO ORDINE

- *Delivering happiness*, TONY ISIEH

- *Dinero*, TONY ROBINS

- *Todo lo que he aprendido con la psicología económica*, Richard H Thaler

- *Misconduct*, RICHARD H THALER

- *El monje que vendió su Ferrari*, ROBIN SHARMA

- *El extraño orden de las cosas, la vida, los sentimientos y la creación de las culturas*, ANTONIO DAMASIO

- *El error de Descartes*, ANTONIO DAMASIO

- *En defensa de la felicidad*, MATTHIEU RICARD

- *La inteligencia fracasada*, JOSÉ ANTONIO MARINA

- *Siete reglas de oro para vivir en pareja: un estudio exhaustivo sobre las relaciones y la convivencia*, JOHN M GOTTMAN Y NAN SILVER

- *Inteligencia creativa*, ALFONSO LÓPEZ QUINTAS
- *Allegro ma non troppo*, CARLO M CIPOLLA
- *Decisiones instintivas*, GERD GIRENZER
- *La revolución emocional*, INMA PUIG

KOLIMA
BOOKS

9 788418 263255